H.-Norbert Ulbrich

Der Opektafarmer

Für meine Kinder, Schwiegerkinder und Enkel.

Der Opektafarmer

Von vaterloser Kindheit zum entsorgten Vater

Eine Autobiografie

Opekta?

Wer oder was ist Opekta? Das werden sich manche
jüngeren Leser fragen.
Die älteren Leser erinnern sich noch daran, dass ihre Mütter
und Großmütter Marmeladen mit Opekta hergestellt haben.
Heute sucht man Opekta vergeblich in den Regalen der
Lebensmittelgeschäfte.
Mein Dank geht an die Fa. Dr. Oetker, der Inhaberin der
Rechte an dem Markennamen Opekta. Sie gab die
Genehmigung, ihn für dieses Buch zu verwenden.

Warum der Autor den Spitznamen Opektafarmer bekam,
wird im Inneren erzählt.

Herstellung und Verlag:
Books on Demand GmbH, Norderstedt

ISBN 978-3-8423-3629-2

Inhalt

Prolog

Ich hatte einen Traum -
Jede Nacht - immer denselben Traum:

Ich schwimme. Nein - ich kann nicht schwimmen. Ich strample verzweifelt in der Brühe. Über mir, vor mir, neben mir, hinter mir, unter mir, überall um mich herum diese Brühe. Darüber, über der Brühe, ist es hell, sehr hell, und ganz weit oben scheint die Sonne. Sie zeichnet ein Muster auf die Oberfläche der Jauche. Dieses Muster habe ich später oft wiedergesehen, wenn der Wind über das Wasser strich. Ich strample und strample aber ich komme nicht nach oben. Die Jauchegrube neben dem Misthaufen auf dem Bauernhof hält mich fest.
Schweißnass wache ich auf.

Diesen Traum träumte ich viele Jahre lang. Anfangs jede Nacht, schließlich seltener, dann noch gelegentlich, vereinzelt - und als ich ungefähr 14 Jahre alt war zum letzten Mal. Ich erinnere mich noch heute an jeden Augenblick, den ich in diesem Traum immer wieder durchlebt habe. Heute träume ich ihn nicht mehr.

Reinhold

Meine ersten wirklichen Erinnerungen habe ich an den Bauernhof meines Stiefvaters. Er wurde beherrscht von einer riesigen schwarzen Truthenne. Ihr wurden die Eier von Hühnern und Enten untergelegt, die sie ausbrütete. Die Küken zog sie auf und wachte darüber, dass niemand ihrem vermeintlichen Nachwuchs zu nahe kam. Vor dieser Henne hatte ich absoluten Respekt, nachdem sie mich zum ersten Mal fauchend von ihrem Nest vertrieben hatte.

Fließendes Wasser gab es damals nicht auf dem Dorf. Wir holten unser Wasser von einer Pumpe vor dem Haus. Die Kühe wurden täglich zum Brunnen im Dorf getrieben, damit sie trinken konnten. Ich begleitete sie stolz mit meinen Kommandos "Hüh" und "Hott". Sie kannten den Weg zum Brunnen und zurück in den Stall und nahmen meine Rufe gelassen hin. Aus der Säule oben am Brunnen ragte ein Rohr, aus dem das Wasser in das obere Becken und dann von dort in das untere Becken lief. Das obere Becken war den Menschen vorbehalten, aus dem unteren trank das Vieh.

Wenn man aus dem Hoftor auf den Weg trat, kam man nach rechts zum Brunnen. Nach links führte der Weg hinab zum Fluss, der stetig an den Wiesen vorbeizog, die voller Obstbäume standen. Neben dem Haus stand eine Scheune, neben der Scheune gab es das Klo. Hinter einer Holztür befand sich die Bank, die wie die Wände aus Brettern gebaut war: in der Mitte ein kreisrundes Loch, das mit einem Holzdeckel verschlossen wurde. Die Bank war zu hoch für mich, deshalb konnte ich dieses Klo nicht ohne Hilfe benutzen. Neben dem Misthaufen in der Mitte des Hofs war die Jauchegrube. Sie war mit Steinen eingefasst, aber ein Stein fehlte in der Umrandung. Dort hatte ich mein eigenes Klo.

An meinen Stiefvater erinnere ich mich kaum. Er stand einmal neben mir, wir pinkelten beide. Reinhold wirkte auf mich sehr groß und sein Glied erschien mir riesig.

Bei der Heuernte hatten wir Kinder die wichtige Aufgabe, das Heu auf dem Wagen festzustampfen. Das warfen die Erwachsenen mit Heugabeln auf den Wagen, während dieser von zwei Kühen über die Wiese gezogen wurde. Mit jeder Gabel Heu kamen wir der Sonne ein Stück näher. Auf dem Heimweg saßen wir stolz und fröhlich hoch oben auf dem Heu und genossen den Sommer.

Muttsch

Meine Mutter, die ich später immer "Muttsch" nannte, erzählte gerne, woher sie und ihre Familie stammten:
In der Nähe von Gnesen, im heutigen Polen, gab es einst ein Herrenhaus, das früher unserer Familie gehört hatte. Zu den Ländereien gehörten drei umliegende Höfe, von denen aus die Felder bewirtschaftet wurden. Die Familie führte einen wohlklingenden Namen: Vor dem heute verbliebenen Rest Ulbrich stand ein "von" und dahinter ein "swalde". Wir hießen also "von Ulbrichswalde". Dumm war nur, dass ein versoffener Vorfahre das Gut ziemlich herunter gewirtschaftet hatte. Dessen Sohn verkaufte deshalb den Titel und den Namensanhang und baute mit dem Erlös die Ländereien wieder auf. Ich fand die Vorstellung lustig, dass sich z.B. ein neureicher Herr "Schneider" nun stolz "von Schneiderswalde" nennen konnte. Nach dem Ersten Weltkrieg verlor die Familie aber ihr Eigentum an die Sieger des Krieges. Der Vater meiner Mutter war somit Gutsherr und außerdem Jurist. Er war im Ersten Weltkrieg gefallen, seine Frau kurz nach dem Krieg verstorben. Deshalb wuchs Muttsch bei einem Onkel und einer Tante auf, die eine Bäckerei besaßen. Ihre drei älteren Brüder fielen im Zweiten Weltkrieg.
Andere Quellen behaupten, meine Mutter sei in Süßenborn, einem Dorf bei Weimar, von einem kinderlosen Ehepaar als Pflegetochter aufgezogen worden. Es waren "Kleinbauern, die Kühe anspannten". Woher und wie sie dort hin kam, ist diesen Quellen nicht bekannt. Ich erhielt nach dem Tod

meiner Mutter Fotos, die Muttsch beim Erntedankfest hoch oben auf dem prächtig geschmückten und von Pferden gezogenen Erntewagen zeigten. Sie durfte die riesige Erntekrone halten.

Ab 1940 arbeitete sie im Fernmeldedienst bei der Post in Weimar. Damals wurden Telefongespräche noch von freundlichen Damen handvermittelt. Meine Mutter saß vor einem Schrank mit Kabeln, Steckern und Lämpchen mit Mikrophon und Kopfhörern und verband Menschen, die miteinander telefonieren wollten, indem sie die zugehörigen Stecker per Hand einstöpselte.

Gegen Ende des Krieges floh meine Mutter vor den anrückenden russischen Soldaten nach Westen. Auf dieser Flucht kam ich im Sudetenland zur Welt. Es ging weiter nach Thüringen bis eines Tages die Flucht unfreiwillig endete. Russen und Amerikaner hatten Westberlin und Thüringen untereinander getauscht, Flüchtlinge durften nicht mehr weiter über die nun entstandene Grenze zwischen den Besatzungszonen hinaus. Meine Mutter kam mit mir bei Hildburghausen unter, wenige Kilometer von der späteren Zonengrenze entfernt. Dort lernte sie wohl auch ihren späteren Ehemann Reinhold kennen.

Sie suchte nach Heinrich, mit dem zusammen sie vor der Flucht ein Paar gewesen war. Der hatte früher im Emsland gelebt. Auf der Zugfahrt dort hin lernte sie einen Fabrikanten aus Wuppertal kennen. Muttsch fand Heinrich, allerdings war der hinter Gittern und konnte nichts für sie tun. Er hatte sich beim Schwarzhandel erwischen lassen. Außerdem hatte er eine Familie, die er wohl nicht für sie verlassen würde. Sie hatte sich daraufhin wohl Hoffnungen gemacht, dass der Fabrikant ihrem weiteren Leben eine

Wendung geben würde. Jedenfalls arbeitete sie 1947 sieben Monate lang in dessen Fabrik. In dieser Zeit lebte ich in einem Kinderheim, in dem die Kinder von Schwestern in Tracht betreut wurden. Fotos zeigen mich im Kreis mit anderen gleichaltrigen Kindern, betreut von den Schwestern. Die Hoffnung meiner Mutter auf eine bessere Zukunft erfüllte sich nicht und sie ging nach Thüringen, um im Dezember 1947 Reinhold zu heiraten.

Ihre erste Tracht Prügel von ihm bekam meine Mutter in der Hochzeitsnacht. Reinhold war nach der Feier bei Nachbarn und dort wurde wohl noch weiter getrunken. Als die Nachbarn bezweifelten, dass meine Mutter ihm immer treu sein würde, ging er nach Hause und forderte die eheliche Treue auf seine Art ein.

Im November 1948 kam meine Schwester Ingrid zur Welt. Ingrid war mein Ein und Alles. Immer wenn die Erwachsenen ihrer Arbeit nachgingen, spielte ich mit ihr. Als ein Ausflug mit ihr im Kinderwagen bis ins nächste Dorf führte hatte ich Glück, dass uns Nachbarn dort fanden, bevor wir zuhause vermisst worden wären. Als Reinhold mit einem Beil auf mich losging, warum weiß ich nicht, floh meine Mutter mit mir aus dem Dorf. Ingrid ließ sie bei ihrem Vater zurück. Meine Schwester war zwei und ein halbes Jahr alt, als sie starb. Ich erfuhr, dass sie einen Herzschlag erlitten hatte. Ein einziges Bild von ihr ist mir geblieben. Es zeigt ein wohlgenährtes Mädchen im Sonntagskleidchen, das etwas mürrisch in die Kamera schaut.

Zum Trost schenkte mir meine Mutter eine Puppe, eine Negerpuppe, die den Namen meiner Schwester Ingrid bekam. Nur: Ein Junge spielt nicht mit Puppen und so hatte ich Ingrid immer in einem Schuhkarton versteckt, wenn ich mit ihr spazieren ging, um mich nicht dem Spott der anderen Kinder auszusetzen. Diese Puppe war viele Jahre lang mein wichtigster Besitz. Als ich um die sechzehn Jahre alt war, ging sie schließlich bei einem der vielen Umzüge meiner Mutter verloren.

Meine Mutter floh mit mir 1949 und kam ins Erzgebirge. Dort wollte sie bei der russischen AG Wismut Geld verdienen, die Uran abbaute. Schachterinnen durften im Tagebau mit Schaufel und Spaten arbeiten, aber dies blieb ihr dann doch erspart. Der Arzt, der die neuen Arbeitskräfte auf ihre Tauglichkeit untersuchte, brauchte eine Sprechstundenhilfe. Meine Mutter hatte während des Krieges als Helferin beim Roten Kreuz gearbeitet und kam nun bei diesem Arzt unter. Sie wurde Schwesternhelferin, arbeitete später in Ambulatorien in Mildenau und Cunersdorf und kam schließlich nach Annaberg, wo sie eine Ausbildung zur Krankenschwester machte.

In Mildenau lebte ich mit meiner Mutter bei einem Ehepaar mit einer Tochter, Karin. Wir hatten ein Schlafzimmer im Dachgeschoss, im Übrigen teilten wir das Häuschen und unser Leben mit dieser Familie. Dieses Leben war einfach, aber es ging uns gut. In dem Kachelofen in der guten Stube brannte nur an Feiertagen Feuer. Sonst war der Herd in der Küche die einzige Feuerstelle im Haus.

Im Winter kamen abends Backsteine in die Bratröhre des Küchenherdes, um die Betten in den unbeheizten Schlafzimmern anzuwärmen. Sie wurden in Handtücher gewickelt und unter die Bettdecke gelegt. Wenn ich dann ins Bett ging, schob ich meinen Stein ans Fußende und so hatte ich auch in den kältesten Frostnächten ein kuschelig warmes Bett. Im Garten der Familie lebte eine Ziege. Deren Milch wurde getrunken, und aus dem abgeschöpften Rahm machten wir unsere Butter selbst, da es im Haus ein eigenes Butterfass gab. Dessen Kurbel musste lange und kräftig gedreht werden und so wechselten wir uns ab und auch ich durfte mit buttern. Jeden Samstag wurde gebadet. Eine Zinkbadewanne wurde in der Küche vor den Herd gestellt. Auf Leinen wurden Decken aufgehängt, um nun den Blick in das improvisierte Badezimmer zu verhindern. Auf dem Herd standen große Töpfe, in denen das Badewasser erhitzt wurde. Zuerst badete der Familienvater, dann Karins Mutter. Danach meine Mutter und schließlich, wenn auch Karin gebadet war, kam ich ins Wasser. Zwischendurch wurde heißes Wasser nachgegossen, aber wir alle fünf badeten selbstverständlich im gleichen Wasser. Nach dem Baden wurden Karin und ich unter dicken Decken auf dem Sofa in der Küche warm gehalten, während die Erwachsenen die Badeutensilien wegräumten. Wir lagen mit den Köpfen an den gegenüberliegenden Enden. Dabei erforschten wir mit den Füßen, über was nicht gesprochen wurde. Wir wurden nicht erwischt, wussten aber genau, dass wir uns auch nicht erwischen lassen durften.

Nach meinem ersten Schultag kam ich ganz stolz nach Hause. Unsere Schulklasse war geschlossen und selbstverständlich freiwillig den Jungen Pionieren beigetreten. Ich brachte ein blaues Halstuch mit, das mich nun als Mitglied der Jungen Pioniere auswies. Zehn Pfennige sollte ich am nächsten Tag zur Bezahlung des Tuches mit in die Schule bringen. Erst viele Jahre später erzählte mir Muttsch, wie entsetzt sie gewesen war. Sie hatte das vor Jahren selbst erlebt, da hatte das Halstuch aber eine ganz andere Farbe. Nun galt das, was früher gesagt worden war, nicht mehr. Die Ideologie des Dritten Reiches war durch die Ideologie des Arbeiter- und Bauernstaates abgelöst worden. Sie wusste genau, dass sie mir nicht erzählen durfte, was sie darüber dachte. Hätte ich in der Schule geplappert, wäre das für uns sehr gefährlich geworden. Also machte sie gute Miene zu diesem Spiel und gab mir am nächsten Tag die zehn Pfennige mit.

Mildenau liegt im Erzgebirge und war im Winter vom Schnee dick zugedeckt. Ich denke heute noch gerne an den Winter zurück, an dem der Schnee mindestens einen Meter hoch lag und wir Schlitten fuhren und Höhlen in den Schnee gruben. In der DDR gab es Heime, in dem meine Mutter mich später, als wir in Cunersdorf oder auch in Annaberg lebten, während der Woche unterbringen konnte. Wie an das Heim in Wuppertal kann ich mich heute an das erste davon nicht mehr erinnern. Es gibt aber Fotos von mir in einem Schlafraum mit vielen Gitterbetten. Diese Fotos hatte meine Mutter gemacht, wenn sie mich abholte. In einem anderen Heim lebte ich, als ich schon zur Schule ging. Es gibt zwei Situationen in diesem Heim, an die ich mich noch erinnern kann. Sechs oder acht Kinder schliefen im meinem Schlafraum. Wenn wir wach im Bett lagen, durften wir nicht miteinander sprechen. Ich zog dann oft meine Decke über den Kopf und träumte von Heldentaten, die ich beging. Ich fuhr mit einem ganz winzigen Panzer, mit angewinkelten Beinen passte ich gerade eben hinein, nach Westen, um für den Sieg des Arbeiter- und Bauernstaates zu kämpfen. Der Panzer war so groß wie die

Bettdecke, unter der ich mich eingekuschelt hatte, und damit so klein, dass er vom kapitalistischen Feind nicht getroffen werden konnte. Ich war unter meiner Bettdecke unbesiegbar.

Was meine Mutter eines Tages erlebte, war allerdings kein Traum: An dem Tag, an dem sie mich nach dem Essen abholte, gab es im Heim als Mittagessen Vanillesuppe und Spekulatius. Erst fand sie mich nicht und suchte schließlich auch im Speisesaal. Dort saß ich als einziges Kind an meinem Platz und löffelte Suppe. Um mich herum die Teller der anderen Kinder, die ihre Suppe nicht aufgegessen hatten und ein Stapel Spekulatius. Ich hatte alle Reste, die ich fand, zu meinem Platz geholt und völlig vergessen, dass ich an diesem Tag nach Hause kommen durfte. Erst als ich wirklich nichts mehr essen konnte, gingen wir. Auch heute noch esse ich Milchsuppen für mein Leben gern.

Welche Farbe haben Bananen? Gelb, und wenn sie noch nicht reif sind, grün? Das habe ich bis zu meinem neunten Lebensjahr nicht gewusst. Ich glaubte, sie sind schwarz, und das hatte den folgenden Grund: In der DDR gab es keine Bananen, jedenfalls nicht für die normalen Bürger. Neben dem Krankenhaus, in dem meine Mutter arbeitete, war ein russisches Offizierskasino. Eines Tages ging das Gerücht durch das Krankenhaus, die Russen hätten Bananen. Aber wie sollten die Leute aus dem Krankenhaus an diese unerreichbaren Früchte kommen? Ein Arzt hatte die richtige Idee: Die russischen Soldaten durften ihre Familien nicht mit nach Deutschland nehmen. Auch die Offiziere nicht, die unter der Trennung von Frauen und Kindern oft jahrelang litten. Und gerade die russischen Offiziere galten als besonders kinderlieb. Da gab es nur eine Möglichkeit. Der Sohn von Schwester Gertrud musste versuchen, an die Bananen zu kommen. Im Krankenhaus wurde gesammelt und ich ging mit dem Geld in das Kasino. Der Plan ging auf: Einer der Offiziere gab mir für das Geld eine große Tüte voll Bananen, die ersten, die ich in meinem Leben sah. Ärzte und Schwestern teilten die Bananen auf und auch meine Mutter und ich bekamen je eine davon ab. Diese Bananen waren, wie ich heute weiß, nicht mehr unbedingt frisch und deshalb schwarz. Das war aber nicht wichtig. Hauptsache war, dass wir überhaupt an diese exotischen Früchte gekommen waren und sie genießen durften. An diesem Tag hatte ich das Gefühl, der wichtigste Mensch im ganzen Krankenhaus zu sein.

Walter

Heute, sechzig Jahre später, ist es alltäglich, wenn eine nicht verheiratete Mutter ein Kind hat. Es gibt ein dichtes soziales Netz, das Mutter und Kind ein nicht immer üppiges, aber doch sicheres Einkommen garantiert. Das war damals anders, unverheiratete Mütter und ihre Kinder waren in der Gesellschaft nicht akzeptiert. Das galt allerdings nicht für Witwen, besonders wenn deren Männer im Krieg gefallen waren. Deshalb erzählte Muttsch allen Leuten, ihr Mann sei im Krieg gefallen. Als Kriegerwitwe mit Kind war sie geachtet, anders als Mutter mit einem unehelichen Kind.

Vorerst hieß mein Vater Walter Ulbrich und trug somit den gleichen Nachnamen wie meine Mutter und ich. Er war ein Flugzeugingenieur und Pilot. Im Krieg flog er Flugzeuge der Luftwaffe über der Ostfront. Von einem dieser Einsätze kam er nicht zurück, weil er abgeschossen worden war. Seine Eltern lebten in Deutsch-Südwestafrika. Dort besaß seine Familie in Lüderitz ein Hotel am Hafen, in Keetmanshoop eine Farm. Diese Farm muss sehr groß gewesen sein. Walter hatte es meiner Mutter so beschrieben: Wenn man an einem Punkt der Grenze auf einem Pferd losritt und immer auf der Grenze entlang, brauchte man eine Woche, bis man zum Ausgangspunkt zurück kam. Ich hatte keinen Grund, zu bezweifeln, dass die Farm so groß war. Als wir noch in der DDR lebten, kamen regelmäßig Pakete aus Südwestafrika. In denen waren vor allem Lebensmittel. Reis und Zucker, aber auch

Kaffee und Schokolade. Zu Ostern und Weihnachten waren in Stanniol verpackte Osterhasen und Weihnachtsmänner in den Paketen. Sie waren regelmäßig zerbrochen worden, da jedes Paket, das damals aus dem Ausland in die DDR kam, geöffnet und genauestens kontrolliert wurde. Auch in die einzelnen Packungen wurde hinein gesehen und selbst in die Weihnachtsmänner. So kam es öfter vor, dass meine Mutter mit einem Sieb wieder Zucker und Reis trennte oder dass die Schokoladenfiguren keine Köpfe mehr hatten.

Ich erfuhr schließlich, dass Walter aus der Gefangenschaft entlassen worden war. Er wollte, dass meine Mutter und ich auch nach Afrika kommen und der Antrag auf Ausreise wurde von den Behörden genehmigt. Meine Mutter verkaufte alles, was wir nicht mitnehmen konnten. Es war aber verboten, größere Mengen Bargeld mit über die Grenze zu nehmen. Bei der Zugfahrt über die Grenze setze meine Mutter mich in eine Ecke am Fenster. Meine Puppe Ingrid saß hinter mir und war durch einen aufgehängten Mantel verdeckt. Natürlich fand der Grenzpolizist trotzdem die Puppe, nahm sie an sich und fragte, wem sie gehöre. Dass es meine Puppe sei, wollte er nicht glauben, denn Jungen spielen ja nicht mit Puppen. Deshalb wollte er sie wohl nicht mehr herausgeben. Ich fing an zu weinen. Das beeindruckte ihn letztlich doch und ich bekam meine Ingrid zurück. Jahre später erzählte mir meine Mutter, dass meine Tränen wohl unsere Rettung gewesen waren: Im Bauch der Puppe hatte meine Mutter das Geld versteckt, das sie über die Grenze brachte. Hätte der Grenzer das Geld gefunden, wäre damit unsere Fahrt zu Ende gewesen.

Später erfuhr ich, dass Walter kurz vor unserer Ausreise in Afrika gestorben war. Meine Mutter hatte aber gültige

Ausreisepapiere und wir fuhren damit nach Berlin. Dort meldete sie uns als Flüchtlinge und so kamen wir in die Bundesrepublik.

Die Zeugnisausgabe zum Ende der fünften Klasse war ärgerlich. Ich bekam damals ein neues Zeugnisheft und darin stand als Name meines Vaters nicht Walter Ulbrich, sondern Hermann Ulbrich, Flugzeugingenieur. Den Vornamen verbesserte mein Klassenlehrer auf meinen Protest hin sofort.

Ich hatte bereits gezweifelt, ob Walter wirklich mein Vater und beide verheiratet gewesen waren, weil der Geburtsname meiner Mutter der gleiche wie ihr Ehename war. Nach der Scheidung von Reinhold hatte sie ihren Mädchennamen wieder angenommen. Dass mein Vater nicht im Krieg gefallen war, wusste ich inzwischen auch.

Zur Konfirmation wollte der Pfarrer meine Taufurkunde sehen, aber meine Mutter hatte keine. Sie versicherte, dass ich getauft worden war und bemühte sich, eine Urkunde zu bekommen. Das war gar nicht so einfach, weil die Stadt, in der ich geboren wurde, nicht mehr zu Deutschland gehörte. Direkte Kontakte zwischen den Ländern gab es während des kalten Krieges nicht. Auf Umwegen über die DDR kam letztlich doch eine Urkunde in einer fremden Sprache bei uns an. Der Pfarrer konnte nicht lesen, was in ihr bescheinigt war und glaubte, dass es ein Taufschein sein könnte. Ich durfte konfirmiert werden.

Tatsächlich war es aber eine Geburtsurkunde, in der, wie in meiner deutschen Geburtsurkunde auch, kein Vater angegeben war. War es tatsächlich wieder nur vergessen worden, ihn einzutragen, oder gab es für sein Fehlen einen anderen Grund? Die Zweifel in mir waren stärker geworden und damit auch der Wunsch, Klarheit darüber zu bekommen, wer mein Vater ist.

Auf einer Wanderung durch die Wälder des Odenwaldes von der Breuburg nach Otzberg erzählte mir meine Mutter schließlich, dass es zwei Männer gab, die sie geliebt hatte. Einer war Walter Ziesing, von dem ich schon viel erfahren hatte und dessen Eltern in Afrika lebten.

Mein Vater aber war ein anderer, Heinrich Schelm. Er war von Beruf Fotograf.

Walter Ulbrich hatte es nie gegeben. Den Namen hatte Muttsch sich ausgedacht, um mich als Kind der Eheleute Ulbrich ausgeben zu können.

Anfang 2010 veröffentlichte die Allgemeine Zeitung in Namibia, dem früheren Deutsch-Südwestafrika, einen Beitrag auf die Entstehung dieses Buches. Ein Neffe von Walter Ziesing, der diesen gelesen hatte, meldete sich bei mir. Er bestätigte, dass auf zwei Fotos aus dem Nachlass meiner Mutter sowohl Walter als auch dessen Eltern sowie weitere Verwandte zu sehen sind.

Walter ist demnach kein Pilot gewesen, sondern kam mit einer Panzereinheit in russische Kriegsgefangenschaft. Er fiel laut Auskunft des Suchdienstes des DRK im Kessel von Stalingrad oder starb in Gefangenschaft später in Sibirien.

Welche Beziehung zwischen Walter und meiner Mutter bestanden hatte und weshalb seine Eltern meiner Mutter und mir Pakete in die DDR geschickt hatten, kann er mir nicht erzählen.

Heinrich

Als ich neunzehn Jahre alt war, wollte ich meinen Vater endlich kennen lernen. Nach jahrelanger Ungewissheit hatte ich erfahren, wo er wohnt und wie er tatsächlich heißt. Ich wollte wissen, wer er ist, wie er lebt und wie es ihm geht. Ich wollte spüren, wie es ist, seinem Vater gegenüber zu stehen, ihn zu erleben. Laut meiner Geburtsurkunde hatte ich ja eine Mutter, aber keinen Vater. In dem Vordruck war nicht einmal eine Stelle vorgesehen, wo man ihn hätte eingetragen können. Ich hatte bis dahin keinen Vater gehabt und wollte wie alle anderen einen Vater im richtigen Leben haben.

Ich fuhr nach Lingen, wo er wohnen sollte. Im Rathaus sagte man mir aber, dass er nicht hier, sondern in Münster wohne. Ich fuhr weiter zu der neuen Adresse und fand tatsächlich ein Klingelschild mit seinem Namen. Mir öffnete eine Frau. Sie sagte, ihr Mann sei nicht zu Hause, komme aber bald wieder. Ich antwortete, ich würde mich dann später noch einmal melden.

Das Auto, in das ich mich setzte, war mein erstes. Ein Lloyd 400, den ich für 150,- DM gekauft hatte. Fast jeden Tag gab es etwas zu reparieren, aber ich war stolz darauf, ein Auto zu haben. 1964 war das für einen Lehrling durchaus nicht selbstverständlich. Aber meine Mutter, die keinen Führerschein besaß, war genau so stolz darauf, dass wir an den Wochenenden zusammen unsere Ausflüge machen konnten. Auf der Fahrt zu meinem Vater löste sich in der Nacht auf der Autobahn die Verriegelung der

Motorhaube und diese krachte gegen das Dach. Der Fahrer des Lkw, den ich gerade überholte, bremste und ich hatte genug Platz, um auf dem Seitenstreifen auszurollen. Nun war an der Stelle, wo sie auf dem Dach aufgeschlagen war, ein Knick in der Motorhaube. Aber irgendwie ließ sie sich wieder schließen und befestigen. Nun wartete ich in meinem ersten Auto auf meinen Vater.

Kurze Zeit später kam die Frau aus dem Haus und zu meinem Auto. "Wie heißen Sie?" fragte sie mich. Ich sagte es ihr und sie antwortete: "Komm mit nach oben. Ich weiß, wer du bist."

Es gab etwas zu trinken, dann holte sie Fotoalben hervor. Ich sah die vielen Fotos der Familie. Nun verstand ich, wieso sie mich erkannt hatte: Viele Fotos ihres Sohnes hätten auch Fotos von mir sein können. Ich erfuhr, dass sie von Anfang an von meiner Existenz gewusst hatte. Die Briefe, die meine Mutter an meinen Vater schickte, hatte sie auch gelesen. "Dein Osterei wächst, blüht und gedeiht" hatte meine Mutter geschrieben. Die Frau erzählte von ihrer Familie und davon, dass ihr Sohn vor einem Jahr an einem Gehirntumor gestorben war. Ihre Tochter hatte geheiratet und lebte in Amerika.

Eine Stunde später drehte sich ein Schlüssel in der Wohnungstür. Jemand kam herein und die Frau rief: "Du hast Besuch".

Mein Vater kam ins Wohnzimmer und blieb wie angewurzelt stehen. Auch ihm brauchte ich mich nicht vorzustellen. Er war Fotograf. Lange haben wir uns über seinen Beruf unterhalten.

Zwei Stunden später fuhr er vor mir her, um mich zur Autobahn zu bringen. Zum Abschied gab er mir 20 DM, von denen ich Blumen für meine Mutter kaufen sollte.

Ich bekam für das Geld einen riesigen Strauß und richtete die Grüße aus, die ich bestellen sollte. Meine Mutter hatte bis dahin nicht gewusst, dass ich vorhatte, meinen Vater zu besuchen.

Ich habe meinen Vater nie wieder gesehen. Wie sehr habe ich mir gewünscht, dass er sich bei mir meldet, dass er irgendein Interesse an mir zeigt. Der Wunsch ging nicht in Erfüllung. Ich hatte einen Vater. Für zwei Stunden. Aber die Suche nach ihm war endlich vorbei.

Aus dem Internet habe ich viele Jahre später erfahren, dass mein Vater nicht mehr lebt und der Nachlass seiner Arbeit nun im Archiv der Stadt Lingen verwahrt wird, in der er so viel fotografiert hat.

Der Archivar der Stadt, Herr Dr. Remling, schrieb auf, was er Interessantes über meinen Vater wusste:

Der Fotokaufmann Heinrich (Heinz) Schelm, geb. am 3.9.1910 in Quakenbrück, ließ sich am 14.9.1934 mit seiner am 9.3.1910 geborenen Ehefrau Anna, geb. Jacobi, aus Aurich in Lingen nieder. Die Hochzeit hatte am 22.10.1932 in Aurich stattgefunden. Das Lingener Adreßbuch von 1938 nennt für Heinz Schelm als Berufsbezeichnung "Reichsangestellter". Im 2. Weltkrieg war er in einer Aufklärungseinheit der Luftwaffe eingesetzt, u.a. bei der Herstellung und Auswertung von Luftbildaufnahmen, erst in Frankreich und später an der Ostfront.
Schon bald nach Kriegsende eröffnete er in Lingen in der Bergstraße das Fotohaus Schelm ("Foto Schelm"), das er 1952 an einen günstigeren Standort (Bernd-Rosemeyer-

25

Straße 29/Ecke Rheinerstraße 2) verlegte und erweiterte.
Die Bernd-Rosemeyer-Straße hieß ursprünglich
Bahnhofstraße und wurde 1939 zu Ehren des
Autorennfahrers B. Rosemeyer umbenannt.
Bei allen wichtigen Veranstaltungen (und z.T. auch weniger
wichtigen Anlässen) der ersten beiden
Nachkriegsjahrzehnte in Lingen war Heinz Schelm mit dem
Fotoapparat, bisweilen auch mit seiner Filmkamera dabei.
Das Ehepaar Schelm hatte zwei Kinder, die Zwillinge
Christl und Otto Schelm, geb. 28.3.1935. Christl Schelm
wanderte im März 1955 nach Winnipeg in Kanada aus und
heiratete dort ihren Freund Helmut Brömme (geb. 1930),
der bereits im Juli 1954 aus Lingen nach Winnipeg
ausgewandert war. Ihre Familie lebt heute in
Fredericksburg USA. Otto Schelm verstarb einige Jahre
nach der Auswanderung seiner Schwester an einem
Gehirntumor in Münster.
Ab 1960 scheint Familie Schelm (wohl nach dem Tod des
Sohnes) von Lingen weggezogen zu sein, kehrte aber gegen
Ende der 60er Jahre wieder nach Lingen zurück, wo
Heinrich Schelm am 9.2.1977 verstarb. Frau Anna Schelm
gab den gesamten fotografischen und filmischen Nachlaß
ihres Mannes an das Stadtarchiv Lingen. Sie selbst verstarb
am 12.3.2003.

So habe ich doch noch, wenn auch erst nach seinem Tod,
etwas mehr über meinen Vater und dessen Familie
erfahren.

Berlin

1954 ging meine Mutter mit mir in den Westen.

In Ostberlin lebte eine Familie, deren Verbindung zu meiner Mutter für mich unklar ist und deren Namen ich vergessen habe. Durch den Hund dieser Familie lernte ich das Berliner Straßenpflaster sehr schmerzhaft kennen. Nelly war eine Deutsche Schäferhündin, die mich nicht sonderlich respektierte. Eines Tages durfte ich sie an der Leine halten, als wir durch die Stadt gingen. Ich hatte die Leine mehrmals um mein Handgelenk gewickelt, um sie auch wirklich ganz fest halten zu können. Was ich nicht wusste: Nelly mochte das Lieferdreirad eines Händlers in der Straße nicht. Als ich es herankommen hörte, war ich ahnungslos, Nelly aber legte sofort los und schoss ab in die Richtung des knatternden Motors. Mit der Leine an den Hund gefesselt, wurde ich nun über den Bürgersteig gezogen, bis mich endlich jemand einholte und den Hund stoppte. Arme und Beine bluteten, als ich endlich wieder auf meinen Füßen stand.

Diese Familie besaß ein Motorrad mit Beiwagen und wir verlebten schöne Stunden auf einer Datscha im Berliner Umland.

Wir kamen nach Westberlin in ein Flüchtlingslager. Da meine Mutter dort bald als Krankenschwester mitarbeitete, durfte ich drei Monate lang in einem Kinderheim sein, das vom schwedischen Roten Kreuz unterhalten wurde. Dort erlebten wir gemeinsam eine Sonnenfinsternis. Die Erzieherinnen hatten Glasplatten mit Kerzenruß geschwärzt. Durch diese Gläser konnten wir verfolgen, wie die Sonne sich durch den Mondschatten langsam verfinsterte, bis sie fast nicht mehr zu sehen war, und wie sie danach wieder heller wurde.

Durch die DDR konnten Flüchtlinge von Berlin aus nicht in den Westen fahren, alle wurden ausgeflogen. Es war für mich ein tolles Abenteuer, als ich zum ersten Mal in meinem Leben mit einem richtigen Flugzeug fliegen durfte. Ich saß im hinteren Teil des Flugzeugs an einem Fensterplatz, Muttsch war irgendwann neben mir eingeschlafen. Als wir in Frankfurt landen sollten, versuchte ich meiner Mutter noch zu sagen, dass es mir nicht gut ging. Es war aber zu spät. Der Mantel und der Hut meiner Mutter, die sie doch erst in Ostberlin neu gekauft hatte, wurden Opfer meiner fehlenden Flugerfahrung.

Erbach

Nach drei Monaten in Berlin kamen wir in den Odenwald, weil meine Mutter Arbeit dort im Krankenhaus bekommen hatte. Wir wohnten in einer eigenen Wohnung im Dachgeschoss eines Hauses direkt unterhalb des Krankenhauses. Unsere Vermieter besaßen ein Zimmereigeschäft mit Sägewerk. Das Holz wurde damals noch von einem Kutscher mit zwei Pferden, die auch zum Sägewerk gehörten, aus dem Wald geholt. Bald kannte man uns im Städtchen. Das kam so: In Erbach gibt es ein sehenswertes Schloss, in dessen Hof ich mich natürlich auf meinen Erkundungen auch umsah. Dort entdeckte ich einen Mann, der gerade seinen Porsche gewaschen hatte. Dieser Porsche weckte meine Neugierde und der Besitzer natürlich auch. Also fragte ich ihn, wie er denn heißt. Er antwortete: "Ich bin Graf Franz der Zweite von Erbach-Erbach und Wartenberg-Roth". Ich schien nicht besonders beeindruckt gewesen zu sein und antwortete: "Dann sind sie ja genau so ein verbrecherischer Großkapitalist wie meine Oma". Nun ja, ich kam gerade aus der DDR und hatte meine sozialistische Erziehung noch nicht abgelegt. In der DDR hatte man mir erzählt, dass meine Großmutter als Großfarmer ein Kapitalist sei. Deshalb kam ich gar nicht auf die Idee, etwas Ungebührliches gesagt zu haben. Meiner Mutter erzählte ich am Abend zwar, wen ich kennen gelernt hatte. Aber nicht, was ich gesagt hatte.
Im Erbacher Brauhaus, einer Gaststätte, gab es einen Stammtisch, dem wichtige Personen der Kreisstadt

angehörten. Auch der erwähnte Graf, der nun sein Erlebnis mit mir beim Bier zum Besten gab. Der Chefarzt des Krankenhauses hörte die Geschichte auch und erzählte sie prompt im Krankenhaus herum. So erfuhr sie letztlich am Tag darauf auch meine Mutter. Die wusste ein paar Tage lang nicht, wie sie sich am besten verstecken und trotzdem ihre Arbeit erledigen sollte.

Sie lernte Horst kennen, einen Buchhändler mit einem kleinen Buchladen. Mit seinem VW-Käfer und mehreren Koffern voller Bücher fuhr er auch in Sanatorien, in denen er einen Büchertisch aufbaute und den Patienten und dem Personal Bücher und Zeitschriften verkaufte. Mit diesem Mann verbrachte meine Mutter viel Zeit. Sie putzte und kochte für ihn und sie machte sich wohl Hoffnungen, dass er ihr Leben verändern würde. Ich las sehr viel und machte mir meine eigenen Gedanken darüber, ob dieser Buchhändler wohl mein Vater sein könnte oder es wenigstens werden würde. Das endete jäh, als Horst eines Tages von einer Buchmesse zurückkam. Er eröffnete meiner Mutter, dass er eine andere Frau kennen gelernt hatte und diese nun heiraten werde.

Danach ließ sich meine Mutter nie wieder auf eine Beziehung mit einem Mann ein.

Königstein

Meine Mutter war nun nicht mehr davon überzeugt, dass sie mich allein ordentlich erziehen konnte. Sie gab mich in ein Heim in Königstein, das von der Diakonie unterhalten wurde. Das Haus Andreae ist eine alte Villa in einem damals riesigen Park. Allein das Gebäude mit seinem großen Treppenhaus und den rustikalen Decken und Wänden ist beeindruckend. Von einem Balkon aus blickt man über die Stadt auf die Burgruine, die auf einem gegenüberliegenden Berg liegt. Im Speisesaal hing ein großes Bild, das mich immer wieder faszinierte. Es war der "Mann mit dem Goldhelm" vom Rembrandt. Ich fühlte mich dort gut aufgehoben. Wir hatten viel Zeit, die wir spielend im Park verbrachten, aber auch klare Regeln, die eingehalten wurden. Zum Essen rief ein großer Gong, auf dessen Klang wir sofort an unseren Platz im Speisesaal eilten. Ich genoss es, dass wir jeden Abend vor dem Einschlafen von einer Erzieherin ein Kapitel aus einem Buch vorgelesen bekamen. Ich besuchte die Schule in der Stadt und mein Lehrer bereitete mich auf den Besuch des Gymnasiums vor. Damals gab es noch eine Woche Probeunterricht im Gymnasium, nach der entschieden wurde, ob wir für diese Schule geeignet waren. In dieser Woche trugen wir ein Pappschild mit unserem Namen um den Hals und neben den unterrichtenden Lehrern waren mehrere andere im Klassenzimmer anwesend, um uns zu beobachten. Selbst in den Pausen wurde aufmerksam notiert, wie wir uns benahmen. Ich bestand diese Prüfung und meine Mutter holte mich am Ende des Schuljahres wieder nach Erbach.

Erbach II

In Erbach gab es zwei Krankenhäuser, meine Mutter war inzwischen von dem einen in das andere gewechselt und nun wohnten wir in einem Haus in der Nähe dieses Krankenhauses. Ich besuchte das Gymnasium in der Nachbarstadt Michelstadt. Nach einigen Monaten machte mir dann eine Englischlehrerin klar, dass sie mit meinen Leistungen nicht zufrieden sei. Vor versammelter Klasse klärte sie mich auf: "Hör mir genau zu, ich werde versuchen, es dir zu erklären. Wenn ich in einer Hand einen Apfel habe und in der anderen sechs Äpfel, und du darfst zwischen der einen und der anderen Hand wählen, dann ist es besser, wenn du die Hand mit den sechs Äpfeln wählst. Wenn Du aber zwischen einer Eins und einer Sechs in einer Englischarbeit wählen kannst, ist die Eins die bessere Note". Nach einer Zwei in der ersten Klassenarbeit hatte ich drei oder vier mal eine Sechs geschrieben.

Ich verließ das Gymnasium und ging nun in Erbach auf die Realschule. Ein Ehepaar dort betrieb ein Kleinstheim oder eine Pflegestelle in einem Siedlungshäuschen. Daneben stand eine Wohnbaracke, in der die Pflegekinder lebten. Der Mann arbeitete in Frankfurt und war immer abends und an den Wochenenden zu Hause. Seine Frau und eine Haushaltshilfe organisierten den Alltag für die beiden eigenen Kinder und einige andere Kinder, die dort lebten. Dorthin zog ich nun um. Offenbar entwickelte ich mich aber auch dort nicht zur Zufriedenheit der Erwachsenen.

Schweizerhaus

Ich kam nun in ein Heim, das sich als Schülerheim besonders um die schulischen Erfolge der Kinder bemühte. Das Schweizerhaus war ein ehemaliges Hotel im Kurort Bad Soden bei Salmünster. Es lag am Hang des Berges, auf dem die Ruine des Turms der Burg Stolzenberg zu finden ist. In ihm lebte ich mit rund 70 anderen Kindern. Betreut wurden wir von Erziehern und Lehrern, die unsere Hausaufgaben überwachten. Ich besuchte die Realschule in Salmünster und nun ging es schulisch wieder bergauf. In meinem ersten Zeugnis, das ich in Salmünster bekam, war vermerkt, dass meine Leistungen besser seien als die Noten es darstellen, aber wegen eines Erlasses des Kultusministers ein Überspringen von Noten nicht möglich ist.

Den anderen Kindern erzählte ich, woher ich kam. Zu meiner Geschichte gehörte das Gut im heutigen Polen, dass der Familie meiner Mutter früher gehört hatte. Und ich erzählte von meinem Vater Walter, der gestorben war und dessen Familie in Südwestafrika lebte. Nach den Erzählungen meiner Mutter ging ich ja davon aus, dass Walter mein Vater ist und dessen Eltern meine Großeltern sind. Als ich beschrieb, wie groß die Farm in Keetmanshoop ist, glaubte mir endgültig kein Kind mehr. Schließlich wussten ja alle, dass ich der Sohn einer allein stehenden Krankenschwester war. Ein Junge fragte mich, was denn auf dieser Farm angebaut werde, woraufhin ein anderer rief: "Opekta". Schallendes Gelächter, und von da ab wurde ich im Heim und in der Schule "Der

Opektafarmer" genannt. Der Heimleiter sprach mit meiner Mutter über meine Familiengeschichte und gab mir den Rat, besser nicht mehr darüber zu reden.

Das Heim gehörte einer Frau, die Respekt einflößte. Der Speisesaal war geteilt in einen oberen und einen unteren Bereich. Am Übergang dazwischen gab es Stufen, die von zwei Säulen begrenzt wurden. Von den Säulen aus hatte man den gesamten Saal im Blick. Wenn sie uns Kindern etwas mitzuteilen hatte, stand Frau Bösehans (sie hieß wirklich so!) mit dem Rücken an einer dieser Säulen und wir hörten aufmerksam zu. Das Taschengeld zahlte sie jeden Samstag nach dem Abendessen aus. Alle Kinder waren im Speisesaal, Frau Bösehans saß an zwei Tischen in der Mitte. Wenn ich aufgerufen wurde, ging ich zu dem Tisch, hinter dem sie saß. Vor ihr stand eine Kasse, daneben lag das Kassenbuch. Sie trug den Betrag in das Buch ein und zählte die 70 Pfennige, die ich damals wöchentlich bekam, auf den Tisch. Dann rutschte sie auf den Stuhl am Tisch daneben. Dort waren Süßigkeiten aufgebaut, die ich nun von ihr kaufen konnte. War ich fertig, setzte sie sich wieder hinter die Kasse und der nächste Junge wurde aufgerufen. Mein Gruppenerzieher war auch der Heimleiter. Er kümmerte sich intensiv um uns. Besonders Sauberkeit war ihm wichtig. Wenn wir von draußen kamen, wechselten wir im Schuhkeller die Schuhe, die jeden Abend nach dem Essen geputzt wurden. Erst wenn ältere Schüler sie kontrolliert und für sauber befunden hatten, durften wir auf unsere Zimmer gehen. Jeden Abend wuschen wir uns am Waschbecken in unserem Zimmer nacheinander von Kopf bis Fuß. Bevor wir dann den Schlafanzug überzogen, kontrollierte Herr Tonndorf die

Sauberkeit bei jedem genauestens. Hände von innen und außen, Hals, Ohren, Körper und Füße, alles wurde genauestens angesehen. Dabei fiel ihm auf, dass mit meinem Penis etwas nicht in Ordnung war. Das behandelte er dann auch selbst. In dem kleinen Medizinzimmer, in dem Hygieneartikel und Medikamente aufbewahrt wurden, strich er meine Eichel abends, bevor ich ins Bett ging, mit Vaseline ein. Dabei erklärte er mir, dass ich eine Eichel und eine Vorhaut habe und dass diese gepflegt werden müssen. Um mich kümmerte sich Herr Tonndorf besonders intensiv. Insbesondere brachte er mich dazu, Vokabeln zu lernen. Er wohnte in einem Zimmer auf dem gleichen Flur, auf dem wir Kinder lebten. Rechts neben der Tür stand in dem Zimmer sein Kleiderschrank, daneben sein Bett. Gegenüber ein Schreibtisch, davor ein Stuhl. Ich setzte mich auf diesen Stuhl, er zeigte mir im Englischbuch, welche Vokabeln ich zu lernen hatte. Dann ließ er mich für eine-im voraus bestimmte Zeit allein und ich lernte. Wenn die vorgegebene Zeit vorbei war, kam er zurück. Ich musste die Hosen herunterziehen und mich vor sein Bett stellen. Dann hielt ich mich mit den Händen an dem Bettrahmen fest und mein Oberkörper und meine Beine bildeten nun einen rechten Winkel. Er griff oben auf den Kleiderschrank, dort lag der Stock. Nun fragte er mich ab: "Gehen". Es gab zwei Möglichkeiten. Entweder ich antwortete fehlerfrei: "To go, went, gone" oder der Stock kam. Auf diese Weise lernte ich die englischen Vokabeln des fünften und sechsten Schuljahres.

Meine erste Zigarette wurde auf die gleiche Weise geahndet. Einige Jungen hatten auf einem benachbarten Grundstück in Ställen Hasen, die sie regelmäßig versorgten.

Eines Abends nahmen sie mich mit und als die anderen sich Zigarettenstummel anzündeten, durfte ich auch mal an einem ziehen. Genau in diesem Moment kamen die großen Jungen, die auch auf uns aufpassten. Natürlich verpetzten sie uns und der Heimleiter bestellte mich, als ich zum Abendessen ging, zur Bestrafung. "Nach dem Abendessen kommst du auf mein Zimmer, es gibt fünf". Nach dem Abendbrot erhielt ich meine Strafe. Hosen runter, rechter Winkel, festhalten, Stock. Der erste Hieb kam. "Warum hast du die bekommen?". "Weil ich geraucht habe". Der nächste Hieb, die gleiche Frage, die gleiche Antwort. Bis ich fünf Hiebe bekommen und fünf mal laut und deutlich bestätigt hatte, warum ich diese Strafe verdient hatte.

Meine Mutter wusste von den Strafen und hatte die Striemen auf dem Hintern und den Oberschenkeln gesehen. Aber sie nahm dies hin, weil die aufsteigenden schulischen Leistungen dies in ihren Augen rechtfertigten. Außerdem war ich der erklärte Liebling des Heimleiters. Er bezeichnete mich gerne als seinen Sohn. Ein Mädchen, das sogar jünger war als ich, nannte er seine Frau. Das fand ich lustig, weil folglich ja meine Mutter jünger war als ich. Wenn er an seinen freien Tagen seine Mutter in Berlin besucht und Baumkuchen mitgebracht hatte, bekam ich immer ein Stück von dieser Köstlichkeit ab.

Frau Bösehans   hatte eine andere Art, die Kinder zu bestrafen. Die Sünder mussten sich an eine Säule in der Mitte des Speisesaales stellen und sie drehte den Ring mit dem riesigen Stein an ihrer Hand so, dass der Stein zur Handfläche zeigte. Dann erklärte sie, warum die Strafe vollzogen wurde und schlug mit dem Handrücken ins Gesicht. Bei leichten Vergehen ein mal, bei schweren

entsprechend öfter. Niemals vergessen habe ich die Bestrafung von drei Mitschülern. Der erste wurde an die Säule gerufen, der Ring wurde gedreht und ohne die sonst übliche Erklärung schlug sie zu. Ab dem dritten Schlag zählten siebzig Kinderstimmen laut mit, bis zum zehnten. "Weißt Du, warum du die bekommen hast?" fragte die Frau. "Ja", antwortete der Junge und durfte sich wieder setzen. Der zweite Junge wurde gerufen, siebzig Kinderstimmen zählten laut von eins bis zehn. Die gleiche Frage, die gleiche Antwort, auch er durfte sich setzen. Nun musste ein Mädchen an die Säule kommen. Diesmal zählten siebzig Kinderstimmen laut von eins bis zwanzig. "Weißt Du, warum du die bekommen hast?" Mit klarer und bestimmter Stimme kam eine für uns alle unfassbare Antwort: "Nein, ich weiß nicht, warum ich die bekommen habe". Nicht das Mädchen, sondern Frau Bösehans verlor nun die Fassung. Das Mädchen musste mit ihr zusammen den Speisesaal verlassen, während die Frau laut ankündigte, nun ihre Eltern anzurufen und sich über deren renitente Tochter zu beschweren. Nach dem Essen erfuhren wir, was vorgefallen war. Frau Bösehans war mit dem Auto am Heim vorgefahren. Vor dem Eingang alberten die drei herum, dabei griffen die Jungen dem Mädchen an den Pullover. Diese Handlung wurde geahndet. Das Mädchen hatte die doppelte Strafe bekommen, weil sie sich nicht intensiv genug gegen die Jungen gewehrt hatte.
Nicht alle Kinder wurden so intensiv bestraft oder zum Lernen angehalten. Einen Zimmerkameraden von mir traf der Stock des Heimleiters aber immer wieder. Dieser ging in Gelnhausen auf das Gymnasium. Es war Sommer und er trug eine kurze Hose. So sah sein Lehrer die blutigen,

aufgeplatzten Striemen auf den Oberschenkeln und ließ sich erklären, wie sie entstanden waren. Gegenüber der Schule war das Gesundheitsamt, dort stellte der Lehrer in der nächsten großen Pause meinen Kameraden dem Amtsarzt vor. Dieser Arzt zeigte den Heimleiter bei der Polizei an. In den Tagen darauf vernahmen mehrere Polizisten sämtliche Kinder und Bediensteten ausgiebig.

Nach meiner Befragung lief ich mit einem Kameraden zusammen aus dem Heim fort. Ich kam mit der Situation nicht zurecht, dass ich, der erklärte Liebling des Herrn Tonndorf, diesen bei der Polizei belastet hatte. Wir wollten per Anhalter nach Hause, zu unseren Eltern. Nach einigen Kilometern, die wir schon zu Fuß zurückgelegt hatten, hielt ein Auto an. Am Steuer saß ausgerechnet der Polizist, der mich zuvor befragt hatte. Der brachte uns auf das nächste Polizeirevier, wo wir von Frau Bösehans und ihrem Fahrer abgeholt wurden. Zurück im Heim wurde ich von ihr sofort in einem Dachzimmer eingeschlossen, ich durfte mit niemandem mehr reden. Meine Mutter kam einige Stunden später, um mich abzuholen. Ich war aus dem Heim geflogen, weil ich über meine Erlebnisse im Schweizerhaus bei der Polizei gesprochen hatte. Deshalb war meine Mutter telefonisch herbei zitiert worden um mich abzuholen.

Muttsch war inzwischen nach Sandbach umgezogen. Dort zeigte mir jemand, welche Wellen die Vorgänge im Schweizerhaus aufwarfen. Die Bildzeitung hatte auf der Titelseite einen Bericht gedruckt mit der fetten Schlagzeile: "Prügelorgien im Schweizerhaus."

Monate später gab es eine Verhandlung vor dem Landgericht in Hanau. Frau Bösehans und Herr Tonndorf erhielten Gefängnisstrafen.

Sandbach

Nun lebte ich wieder bei meiner Mutter. Da sie aber inzwischen dort in einem Sanatorium arbeitete, wohnten wir nun in Sandbach im Odenwald.

Über dem Dorf lag am Waldrand eine Heilstätte für Menschen, die an Lungentuberkulose erkrankt waren. Hier hatte meine Muttsch eine Stelle als Dauernachtwache gefunden. Das hatte den Vorteil, dass sie am Vormittag schlafen konnte, während ich in der Schule war, und am Nachmittag bis zum Dienstbeginn ein Auge auf mich hatte.

Wir wohnten zuerst in einem Siedlungshäuschen, das einem kinderlosen Ehepaar gehörte. Das Klo war außerhalb des Hauses, was besonders im Winter nicht unbedingt dem Komfort entsprach, den man sich zu dieser Zeit bereits wünschte. Morgens stand ich alleine auf, weil meine Mutter noch in der Heilstätte war. Bei Frost im Schlafanzug in die Kälte zu gehen um zu pinkeln, war mir zu kalt. Also pinkelte ich in das Waschbecken, bevor ich mich für den Tag bereit machte und zur Schule ging. Bis eines Tages, ich hatte gerade gepinkelt, unser Vermieter im Schlafanzug in die Wohnung kam. Er schraubte wortlos den Syphon unter dem Waschbecken ab, goss den Inhalt in einen mitgebrachten Eimer, schraubte den Syphon wieder fest und verschwand ebenso wortlos. Als meine Mutter nach Hause kam, gab es wohl ein mächtiges Theater. Der Vermieter drohte, den Inhalt seines Eimers im Labor der

Heilstätte untersuchen zu lassen, um beweisen zu können, welch fürchterliches Verbrechen ich Tag für Tag beging.

So zogen wir bald in ein anderes Haus, nun direkt am Schwimmbad. Es gab jetzt ein richtiges Badezimmer mit Toilette und Badewanne in der eigenen Wohnung. Meine Mutter hatte sich mit einem älteren Ehepaar angefreundet. Der Mann war der Bademeister des Schwimmbads, seine Frau verkaufte am Eingang Eintrittskarten, Getränke und Süßigkeiten. Im Sommer verbrachten wir die meiste Zeit dort. Wenn Muttsch vom Dienst kam, legte sie sich unter einen Baum in den Schatten und schlief. Unser Mittagessen hatte sie in einer Menage aus der Klinik mitgebracht, das brauchten wir nur noch warm zu machen. Danach verbrachten wir den übrigen Tag im Schwimmbad.

Meine Mutter hatte eine weitere Geburtsurkunde aus der Tschechoslowakei für mich bekommen. In der war zwar sie, aber kein Vater von mir eingetragen. Ich fand das lustig und verglich mich mit Jesus, dessen Mutter bekanntlich auch keinen realen Vater für ihr Kind vorzeigen konnte. Es wurde also Zeit, dass ich erfuhr, wer mein wirklicher Vater war. Auf einer Wanderung von der Breuburg zur Ötzburg war es dann so weit, dass Muttsch mir erzählte, wer es ist: Nicht Walter, dessen Eltern uns Pakete aus Afrika geschickt hatten. Es gab zwei Männer in ihrem Leben, die sie geliebt hatte. Der zweite war Heinrich, ein Fotograf. Der hatte zu Hause eine Familie mit einer Frau und zwei Kindern, einem Sohn und einer Tochter. Da meine Mutter bis dahin nicht aufgeklärt worden war, hatte mein Vater ihr erklärt, wie das mit dem Kinderkriegen geht und es wurde auch erfolgreich umgesetzt. Gezeugt wurde ich wohl zu Ostern. Jedenfalls meldete Muttsch in einem Brief an Heinrich den Erfolg:

"Dein Osterei wächst, blüht und gedeiht".

In mir erwachte schüchtern das Interesse am anderen Geschlecht. Ich war zu einer Freizeit drei Wochen lang auf die Insel Sylt verschickt worden. Dort lernte ich Ingrid kennen. Ein hübsches blondes Mädchen mit langen Zöpfen, das 15 Kilometer von uns entfernt wohnte. Ich besuchte sie, wieder zuhause, zwei- oder dreimal mit dem Fahrrad. Dann musste ich einsehen, dass sie nicht das Interesse erwiderte, das ich an ihr hatte. Sie besserte ihr Taschengeld als Ballmädchen auf dem Tennisplatz auf und eines Tages übersah sie mich sehr demonstrativ, als ich auf der anderen Seite des Zaunes vom Tennisplatz stand. Tief geknickt fuhr ich nach Hause. Nun ja, da war ja auch noch Isolde. Sie ging mit mir in eine Schulklasse und war der Schwarm aller Jungen. Heimlich fuhr ich mit dem Fahrrad hinter ihr her, um zu erfahren, wo sie wohnt. Aber ich habe mich nie getraut, sie anzusprechen.

Wieder einmal hatte ich mich an eine neue Schule gewöhnen müssen, diesmal in Höchst. Drei Kilometer bis dort hin konnte ich mit dem Fahrrad fahren. Mein Klassenlehrer hielt sich nicht unbedingt an den Lehrplan, am liebsten rechnete er mit uns. Sein Lieblingsspiel war das Kopfrechnen. Das spielten wir jeden Tag zum Beginn der Rechenstunden, also täglich. Alle standen auf und er rief eine Rechenaufgabe in den Raum. Wer sie als erster richtig beantwortete, durfte sich setzen. Die Mädchen hatten es bei ihm leichter als die Jungen. Sie durften sich auch mal setzen, obwohl ein Junge schneller geantwortet hatte. In den Physikstunden wurde meistens auch gerechnet. Aber wir lernten schließlich doch etwas von Physik, weil es wichtig für die zukünftigen Hausfrauen war, wie eine

Kochkiste funktioniert: Die Kartoffeln werden auf dem Herd zum Kochen gebracht, dann wird der Topf mit siedendem Wasser in eine Holzkiste gestellt. Nun wird der Topf rundum mit zerknülltem Zeitungspapier gut isoliert. Das Wasser bleibt nun so lange heiß, bis die Kartoffeln gar sind und die kluge Hausfrau hat viel Kohlen oder Strom gespart. Meine Zeichnung der Kochkiste gefiel dem Lehrer nicht, weshalb ich in diesem Fach die entsprechende Note bekam. Als ein neuer Lehrer an die Schule kam, der tatsächlich Physik unterrichtete, wurde sogar ein Physikraum im Keller eingerichtet. Ich durfte vor dem Unterricht mit ihm Versuche vorbereiten und danach wegräumen. Es ging nun um Dinge, die mich wirklich interessierten wie Optik oder Magnetismus. Die Zwei, die ich jetzt in Physik bekam, half mir aber nicht wirklich. Meine Leistungen in der Schule ließen zu wünschen übrig und meine Mutter schickte mich in das nächste Heim und damit auf die nächste Schule.

Waldschule

Die Waldschule lag, wie der Name sagt, im Wald oberhalb von Schönberg im Taunus. Sie war aber keine Schule, sondern ein Schülerheim, das von einem Gymnasiallehrerehepaar geleitet wurde. Hier lebten dreißig Jungen, die meisten von ihnen besuchten das Gymnasium in Kronberg. Die Realschüler fuhren mit dem Omnibus nach Oberursel. Nur ich benutzte für die neun Kilometer ein Fahrrad, weil die Busfahrkarte zu teuer war.

Auf einer Klassenfahrt an den Bodensee wurde mir deutlich, dass es von Vorteil gewesen wäre, Eltern in guten finanziellen Verhältnissen zu haben. Wir durften im Voraus entscheiden, ob wir in privaten Unterkünften oder in der Jugendherberge übernachten wollten. Die Jugendherberge war deutlich billiger, also bestellte ich dort ein Bett. Ich war der einzige aus der Klasse, der in der Jugendherberge schlief. Wer die modernen Jugendherbergen von heute nicht kennt, muss wissen, dass diese heute im Gegensatz zu damals geradezu hotelmäßigen Luxus bieten. Ich bekam damals auch keine Fresspakete wie die anderen Schüler, aus denen sie sich tagsüber satt essen konnten. Dadurch hatte ich nur Frühstück und Abendessen, die mir nicht wirklich für den ganzen Tag reichten. Mein Klassenlehrer merkte irgendwann, dass ich Hunger hatte. Er lieh mir daraufhin etwas Geld und ich kaufte mir einige Bananen.

Meine schulischen Leistungen wollten aber in Oberursel nicht besser werden. Deshalb wurde meiner Mutter deutlich gemacht, dass es für mich und die Lehrer keinen Sinn machte, mich durch das letzte Schuljahr zu schleppen, um vielleicht die Mittlere Reife zu erwerben. Es sei doch sinnvoller, wenn ich einen Beruf erlernen würde. Und so ging denn meine Schulzeit zu Ende. Ich bekam ein Abgangszeugnis, hatte also keinen Schulabschluss. Bis zum Ende der neunten Klasse hatte ich neun verschiedene Schulen mit all ihren verschiedenen Lehrern und vielen Mitschülern kennen gelernt. In meinen nun siebzehn Lebensjahren waren es auch siebzehn Orte geworden, an denen ich bisher gelebt hatte.

Frankfurt

Muttsch war inzwischen wieder umgezogen. Sie lebte nun in Frankfurt, wo sie in einem Altersheim arbeitete und auch wohnte. Ich kam vorerst in einem Jungarbeiter- und Studentenwohnheim unter, wo ich ein Zimmer mit einem persischen Studenten teilte. Seinen Namen weiß ich nicht mehr. Der war aber auch nicht wirklich wichtig, weil jeder ihn als den Teppichhändler kannte. Die Familie, die ihn zum Studium nach Deutschland geschickt hatte, gehörte einer Religionsgemeinschaft an, die streng die Einhaltung der religiösen Regeln forderte. Deshalb brauchte er auch einen Gebetsteppich, um die vorgeschriebenen Gebete verrichten zu können, der immer aktuell geweiht war. Deshalb bekam er alle vier Wochen einen neuen Teppich aus Persien geschickt. Vom Verkauf der Teppiche lebte er ganz gut. Jedenfalls fuhr er ein Peugeot Cabriolet, das ihn als nicht unbedingt mittellos auswies. Betend habe ich den Teppichhändler aber nie erlebt.

Dem Berufsberater erzählte ich, dass ich gerne einen Beruf erlernen möchte, bei dem ich sowohl mit dem Kopf als auch mit den Händen arbeiten würde. Mein Lieblingsfach in der Schule war Physik gewesen. Also legte er fest, dass ich Starkstromelektriker werden sollte. Bei der Voigt und Haeffner AG bekam ich eine Lehrstelle. Dort wurden Schaltgeräte und Schaltanlagen für bis zu 380000 Volt hergestellt. In der Lehrwerkstatt bekam ich zwei Jahre lang die Fertigkeiten beigebracht, die ein Starkstromelektriker beherrschen können muss. Danach lernte ich alle

Abteilungen in dem Werk kennen, in dem zweitausend Arbeiter beschäftigt waren. V&H legte großen Wert darauf, seine zukünftigen Mitarbeiter sehr gut auszubilden. Neben der Berufsschule hatten wir in der Firma zusätzlichen Unterricht. Traten in der Schule Schwierigkeiten auf, wurde der Stoff im Werk aufgearbeitet, daneben lernten wir vor allem alles über die Produkte, die bei V&H hergestellt wurden. Meine Leistungen entsprachen dem hohen Anspruch, der an alle Lehrlinge gestellt wurde.

Zum Beginn des zweiten Lehrjahres wollte einer der Meister den neuen Lehrlingen ein Werkstück zeigen, das mir ein Jahr zuvor besonderes gut gelungen war. Ich holte es aus der Schublade meiner Werkbank. Der Meister zeigte das Werkstück dann aber nicht den Lehrlingen, sondern dem Ausbildungsleiter. Es war von einer sehr feinen und gleichmäßigen Rostschicht überzogen. Erst jetzt wurde bekannt, dass ich ständig feuchte Hände hatte und mir wurde erklärt, dass ich deshalb für den Beruf, den ich gerade erlernte, überhaupt nicht geeignet war.

Ich hatte eigentlich schon damals den Wunsch, einen sozialen Beruf zu ergreifen. Zu dieser Zeit gab es in Deutschland zwei Schulen, an denen man Heimerzieher werden konnte. Kindergärtnerin und Heimerzieher waren damals zwei verschiedene Berufe, die erst später zu einem Beruf zusammengelegt wurden. An beiden Schulen für Heimerzieher war Aufnahmebedingung, dass man eine Ausbildung in einem anderen Beruf abgeschlossen hatte. Damit wurde sichergestellt, dass Menschen, die andere Menschen erziehen sollen, selbst gereifte Persönlichkeiten sind. Ein Abschluss der Lehre konnte also durchaus ein Sprungbrett für mein weiteres Berufsleben sein. Deshalb kamen wir überein, dass ich meine Ausbildung bei V&H beenden durfte. Im Lehrzeugnis bekam ich bestätigt, ein guter Starkstromelektriker zu sein. Nach der bestandenen Facharbeiterprüfung habe ich aber nie in diesem Beruf gearbeitet.

Muttsch wechselte während meiner Lehre an eine neue Arbeitsstelle. Ihr Chef war nun ein Hautarzt, der im Hauptbahnhofsviertel seine Praxis hatte und in der Nähe eine Wohnung für meine Mutter und mich zur Verfügung stellte. In der Arztpraxis gab es zwei Wartezimmer, eines für Patienten mit Hautkrankheiten und eines für die Prostituierten, die jede Woche kamen, um sich einen Stempel in ihr grünes Heftchen abzuholen. Die Praxis lag in der ersten Querstraße vom Bahnhof Richtung Innenstadt. Muttsch und ich wohnten schräg gegenüber der Praxis. Meine Mutter trug immer ihre Schwesterntracht und achtete darauf, dass die Patienten im richtigen Wartezimmer Platz nahmen. Ich hielt mich oft in der Praxis auf und half beim Einsortieren der Karteikarten. Manchmal brachte ich auch die Rechnungen des Arztes in die umliegenden Bars und Bordelle, wenn deren Besitzer für die Kosten der regelmäßigen Untersuchungen der Frauen aufkamen. Bald waren deshalb Schwester Gertrud und auch ich, der Sohn von Schwester Gertrud, im Viertel bekannt. Ich fühlte mich wohl und erst später erfuhr ich, dass es in diesem Milieu auch Schattenseiten gibt, die ich selbst nicht erfahren habe. Stattdessen erlebte ich auch lustige Situationen wie diese: Eines Tages kam der Arzt laut lachend ins Vorzimmer zu meiner Mutter. Sie sollte einem Patienten eine Spritze geben. Bubi hatte als Berufsboxer einst viel Geld verdient und dies in einem

Bordell gewinnbringend angelegt. Auf Qualität achtend, testete er jede der bei ihm tätigen Frauen auch selbst. Das hatte nun dazu geführt, dass laut Karteikarte sich Bubi an seinem vierzigsten Geburtstag seinen nun vierzigsten Tripper eingefangen hatte.

Damals sah man noch regelmäßig Polizeibeamte zu Fuß Streife gehen. Eines Tages unterhielten sich zwei dieser Polizisten vor der Praxis mit einem aufgeregten Mann. Der hatte sein Auto vor einiger Zeit in der Straße geparkt und wollte nun wieder wegfahren. Nur - es gelang ihm nicht, mit seinem Autoschlüssel den Mercedes aufzuschließen. Auch den Polizisten, die es hilfreich versuchten, gelang das nicht. Schließlich nahm einer der Beamten einen Stein und schlug damit die Ausstellscheibe der Fahrertür ein. Der Fahrer bedankte sich, stieg in das Auto ein und nun passte der Schüssel auch nicht, um das Auto anzulassen. Inzwischen standen mehrere Passanten interessiert um das Geschehen herum bis schließlich jemand ziemlich erregt fragte, was die Polizei denn da mit seinem Auto mache. Es stellte sich heraus, dass ein dienstbeflissener Polizist die Scheibe eines Autos eingeschlagen hatte, das jedoch dem nun hinzugekommenen Mann gehörte. Damals gab es viele Fahrzeuge dieser Baureihe, die schwarz lackiert waren und rote Sitze hatten. Das Auto des Fahrers, dem die eifrigen Polizisten geholfen hatten, stimmte bis auf das Nummernschild mit dem nun beschädigten Wagen überein, war aber hundert Meter weiter vorn in der gleichen Straße geparkt worden.

Bei der Arbeiterwohlfahrt gehörte ich zu einer Gruppe von jungen Leuten, die sich ehrenamtlich in der Jugendarbeit engagierten. Die jährlichen Höhepunkte waren Zeltlager, in denen wir drei Wochen lang Kinder während ihrer Ferien betreuten.

Um hierfür fit zu sein, wurden mehrmals im Jahr Wochenenden in unserem Stammzeltlager in Grünberg veranstaltet, bei denen wir lernten, den Kindern unvergessliche Ferien zu gestalten. Dabei erwarben wir auch nach bestandener Prüfung den Jugendgruppenleiterausweis. Wenn wir diesen unserem Arbeitgeber vorlegten, musste der uns für die Zeltlagerzeit zehn Tage im Jahr zusätzlichen Urlaub geben.

In einem Zeltlager auf der Schwäbischen Alb besuchte uns der damalige Vorsitzende der SPD. Er erlebte einen Tag lang mit den Kindern das Zeltlager und verbrachte den Abend mit uns am Lagerfeuer. Später, als die Kinder in den Zelten schliefen, saß er noch lange mit uns Betreuern zusammen und wir diskutierten über Gott und die Welt. Als Willy Brandt später Bundeskanzler war, habe ich alles, was er sagte und tat, sehr aufmerksam begleitet. Immerhin war ich ja mit meinem Parteigenossen Willy per Du! Alle, die in dieser Jugendgruppe der AWO mitarbeiteten, waren politisch interessiert. Jedes Jahr beteiligten wir uns an den Ostermärschen. Tausende von Menschen zogen dabei sternförmig auf Frankfurt wie auch auf viele andere Städte in Deutschland zu, um schließlich auf großen Kundgebungen Frieden für alle Menschen zu fordern. Es war ein gutes Gefühl, zu diesen vielen Menschen zu gehören und sich mit ihnen gemeinsam für ein großes Ziel, Frieden für alle Menschen auf dieser Erde, einzusetzen.

Als ich dann zur Bundeswehr gehen sollte, verweigerte ich den Kriegsdienst. Damals wurden Kriegsdienstverweigerer noch ziemlich kritisch gesehen. Sie galten weithin als

Drückeberger, die ihr Vaterland nicht zu verteidigen bereit waren. Man musste beweisen, dass man sich aus Gewissensgründen nicht in der Lage sah, mit einer Waffe auf Menschen zu schießen. Das überprüfte ein Prüfungsausschuss von drei Respekt heischenden Herren in einer mündlichen Verhandlung. Jedes Wort wurde von einer Protokollführerin mitgeschrieben. Ich hatte vorher meinen Antrag schriftlich begründen und zwei Zeugen benennen müssen, die meine Gewissensnöte bestätigen sollten. Ich machte den Herren deutlich, dass ich im Kriegsfall gegen die Deutschen aus der DDR kämpfen müsste. Die Soldaten im Schützengraben gegenüber könnten aber genau diejenigen sein, mit denen ich früher in den Kindergarten oder die Schule gegangen war. Niemand könne von mir verlangen, dass ich auf diese schieße. Das schienen die drei Herren zu verstehen. Mir wurden mein Engagement in der Jugendarbeit und meine Lebenserfahrungen zugute gehalten und so war ich einer der damals noch wenigen jungen Männer, die als Kriegsdienstverweigerer anerkannt wurden.

Ein bedeutendes Erlebnis wurde 1963 der Besuch des amerikanischen Präsidenten John F. Kennedy in Frankfurt. Bei V&H wurden die Maschinen abgestellt, alle Arbeiter gingen an die Straße. Tausende Menschen standen auf den Bürgersteigen und jubelten fähnchenschwenkend dem Präsidenten zu, als der im offenen Wagen vorbeifuhr.

Um Kennedy noch näher sehen zu können, fuhr ich mit einem Freund auf Fahrrädern zu der Straße Richtung Flughafen. Dort fuhr er dann ein zweites Mal noch dichter an uns vorbei, als er Frankfurt wieder verließ.

Später arbeitete meine Mutter wieder in einem

Krankenhaus und wir wohnten in einem nördlichen Stadtteil von Frankfurt. Um nicht täglich mit der Straßenbahn zur Arbeit fahren zu müssen, schaffte ich eine NSU-Qickly an, ein damals weit verbreitetes Moped. Ich machte meinen Autoführerschein und schließlich kauften meine Mutter und ich unser erstes Auto, einen Lloyd 400 Kombi mit einem Zweitaktmotor von 13 PS. Er kostete 150,- DM.

In der Nachbarschaft gab es eine Ein-Mann-Werkstatt mit Tankstelle. Als der Lloyd zum ersten Mal streikte, ging ich zu Herrn Koschnik, der sich das Auto ansah. Er wusste, dass ich kein Geld hatte, um ihn zu bezahlen. Also stand er mit den Händen in den Hosentaschen neben dem Auto und erklärte mir, was ich tun sollte. Tatsächlich lief das Auto bald wieder. Das wiederholte sich noch oft und ich bin Herrn Koschnik bis heute dankbar, dass ich bei ihm auf diese Weise so etwas wie meine zweite Lehre als Autoschrauber machen durfte. Die schlimmste Panne hatte ich in der Innenstadt. Vor dem Kaufhof, im dicksten Berufsverkehr, gab das Getriebe seinen Dienst auf. Ein paar hilfreiche Männer schoben mein Auto auf den Bürgersteig. Ich rief Herrn Koschnik an. Der wusste, dass ich immer meine Werkzeugkiste im Kofferraum und noch einen Motor und ein Getriebe im Keller hatte. Also sagte er mir, ich solle schon mal das Getriebe ausbauen. Wenn er Feierabend mache, gehe er bei meiner Mutter vorbei und hole das andere Getriebe aus dem Keller. Als er kam, stand mein Auto auf dem Bürgersteig, Motor und Getriebe daneben. Herr Koschnik stellte das andere Getriebe dazu, sah sehr zufrieden aus und fuhr wieder davon. Ich baute alles wieder zusammen, verstaute das kaputte Getriebe im Kofferraum und fuhr auch nach Hause. Als ein unfreundlicher Mensch mir von hinten auf den Lloyd fuhr, verdiente Herr Koschnik dann doch noch Geld an mir. Er schrieb für die Versicherung einen Kostenvoranschlag. Ich holte die notwendigen Teile vom Schrottplatz, er beulte alles aus, was am Auto nicht abzuschrauben ging. Dann schraubte ich alles zusammen und lackierte mein Auto mit dem Pinsel. Mit den 750.-DM, die eine Versicherung bezahlte, machten wir Halbe-Halbe.

Durch Herrn Koschnik bekamen wir auch unser zweites Auto. Ein Lloyd 600 Alexander TS. TS steht für "Touring Sport" und wies den Alex bereits als ein besseres Fahrzeug aus. Er hatte schon 19 PS, schaffte 105 km/Std. Spitze und kostete uns 300,-DM. Er war leichter als ein Käfer, der damals mit 23 PS ausgestattet war. Deshalb bin ich gerne mit Käfern um die Wette gefahren und habe oft gewonnen.

Als meine Lehre beendet war, suchte ich eine Arbeit, von der ich leben konnte. Die fand ich bei einem Getränkehandel, wo ich von einem älteren Kollegen eingearbeitet wurde. Wir beluden einen Hanomag-Kurier mit Bier, Wasser und Limonaden und verstauten eine Kiste mit verschiedenen Schnapsflaschen, die Kunden bestellt hatten, im Fahrerhaus. An der ersten Gaststätte angekommen, ließen wir die Ladeklappe herunter und setzten uns erst einmal in den Schankraum. Ohne dass der Kollege etwas bestellt hatte, bekam er ein großes Glas Bier und ein kleines Bierglas, zur Hälfte mit Schnaps gefüllt, vor sich gestellt. Ich bekam, wie gewünscht, ein Glas Limonade. Nachdem wir in Ruhe ausgetrunken hatten, brachten wir Fässer mit Bier und Kästen mit Getränken in den Keller. Danach ging es zur nächsten Gaststätte, wo sich die Belieferung in der gleichen Weise wiederholte und noch zwei weitere Gaststätten wurden ebenso mit Getränken versorgt. Bei der Abrechnung am Feierabend waren regelmäßig zwei Kisten Bier weniger auf dem Lkw, als es eigentlich hätten sein müssen. Wenn wir keine Gaststätten belieferten, wo der Wirt uns mit Getränken versorgte, bediente sich mein Kollege mit dem Bier von der Ladefläche. Das wusste der Besitzer des Getränkevertriebs und später erzählte er mir die Geschichte meines Kollegen: Mein Chef hatte vor vielen Jahren eine Mineralwasserquelle erworben. Anfangs wurden vormittags Flaschen gewaschen, abgefüllt und etikettiert, nachmittags wurde das Wasser zu Kunden gefahren. Damals war mein jetziger Kollege sein einziger Mitarbeiter, der treu und zuverlässig immer für meinen Chef arbeitete. Das Geschäft lief gut und entwickelte sich zu einem florierenden Getränkehandel, für den inzwischen rund zehn Lkw jeden Tag unterwegs waren. Mein Kollege wohnte mit seiner Familie in Bad Homburg, von wo er täglich mit der Straßenbahn zur Arbeit fuhr. Zum Frühstück trank er bereits zwei Gläser Apfelwein. Den brauchte er auch, da er sonst nicht zurecht gekommen wäre. Im Laufe des Tages trank er so viel Alkohol, dass jeder andere zusammen gebrochen wäre. Meinem Kollegen aber war nicht anzumerken, wie viel er getrunken hatte. Selbst Auto konnte er fahren, ohne dass sein Fahrstil irgendwie aufgefallen wäre. Unser Chef wollte, dass ich seine Tour übernahm und der Kollege nur noch auf dem Hof arbeitete. Er war sich darüber im Klaren, dass mein Kollege bei jedem anderen Betrieb nicht länger als einen Tag gearbeitet hätte und fühlte sich für ihn und seine Familie verantwortlich. Deshalb wollte er ihn nicht entlassen.

Ich bekam bald einen größeren Lkw, einen Mercedes L911 in der Lackierung der Henninger Brauerei. Darauf war ich sehr stolz und fühlte mich fast wie ein Kapitän der Landstraße. Der Chef kaufte später einen weiteren Bierverlag und mit ihm weitere Fahrzeuge. Deshalb bekam ich eines Tages ein anderes Auto, das meinem bisherigen in Bauart und Lackierung genau glich. Ich belud den Lkw und wollte gerade vom Hof fahren, als der Chef mich noch einmal rief. Er musste mir noch erzählen, dass das Getriebe in diesem neuen Fahrzeug nicht synchronisiert ist. Mit einem nicht synchronisierten Getriebe muss man beim Schalten mit Zwischengas arbeiten und doppelt kuppeln. Theoretisch kannte ich das, meine bisherigen Autos hatten im ersten Gang alle keine Synchronisation. Aber mit völlig unsynchronisierten Getrieben war ich bisher nicht gefahren. Ich fuhr los und ich glaube, die ersten Kilometer konnte jedermann hören, wo ich gerade war. Als ich abends wieder auf den Hof fuhr, hatte ich aber den Bogen raus und mein Chef und ich waren beide zufrieden.

Später erzählte mir jemand, als Fahrer eines Mietwagens könne man mehr Geld verdienen und außerdem falle das anstrengende Kistenschleppen weg. So fuhr ich bald mit einem Mercedes 180D durch Frankfurt und beförderte Fahrgäste. Oldtimerfans sei erklärt, dass es sich um einen Ponton handelte, für den Sammler heute viel Geld bezahlen müssen. Damals war der schwarze Wagen mit roten Sitzen aber im Stadtverkehr alltäglich. Der Unterschied zwischen einem Taxi und einem Mietwagen besteht darin, dass Taxifahrer an Taxiständen in der Stadt auf Fahrgäste warten und auch am Straßenrand Winkende einladen dürfen.

Mietwagen dagegen dürfen Gäste nur auf Bestellung aufnehmen. Taxifahrer müssen einen Taxischein haben, für Mietwagen genügte damals noch der normale Führerschein. Ich wurde also zum Taxifahrer in der kleineren Version. Als ich eines Nachts auf Straßenbahnschienen und Katzenkopfsteinpflaster bei Regen ins Rutschen kam und mit dem Auto einen Laternenmast lädierte, meinte mein Chef, ich solle mir eine andere Arbeit suchen. Die fand ich bei einer Spedition, für die ich im Stadtbereich Stückgut transportierte, bis ich bald darauf zum Dienst am Staat gerufen wurde.

Middelburg

Dereinst waren die Aufgaben zwischen Männern und Frauen aufgeteilt. In grauer Vorzeit gingen die Männer jagen und die Frauen hüteten das Feuer und die Kinder. Später arbeiteten die Männer immer noch außerhalb des Hauses und die Frauen kümmerten sich weiterhin um Haus und Kinder. Prügeleien und Kämpfe jeder Art machten Männer unter sich aus. Ein Rest dieser Aufgabenteilung blieb bis heute erhalten: Männer haben als Soldaten zu kämpfen, um Frauen und Kinder zu beschützen. Wenn Männer aber nicht zum Militär wollen, müssen sie wenigstens einen zivilen Ersatzdienst leisten.

Deshalb wurde ich nach Middelburg geschickt, um 18 Monate lang dort dem Staat dienen. Middelburg war ein winziges Dorf in der Nähe der Ostsee mit einem Dutzend Häusern. Sie lagen an einem Weg, der damals noch keinen Belag aus Teer oder Beton hatte. Das größte Haus im Ort war die Heilstätte des DRK, in der fast hundert Menschen behandelt wurden, die an Tuberkulose erkrankt waren. Daneben stand ein Schwesternwohnhaus und am Rande des Geländes ein Haus, in dem der Chefarzt mit seiner Frau wohnte. Neben der Leichenhalle gab es den Schweinestall, dahinter eine Baracke. In dieser wohnten wir drei Ersatzdienstleistenden. Wir hatten die Aufgabe, Arbeiten in Haus, Hof und Garten zu erledigen. Das bedeutete, dass wir das gesamte Gelände in einem ordentlichen Zustand hielten. Im Sommer waren wir vor allem mit dem Mähen des Rasens beschäftigt. Mit zwei Benzinrasenmähern hielten wir den Rasen kurz. Zu zweit brauchten wir eine Woche für einen Schnitt. Wenn wir das Gras länger als eine Woche stehen ließen, musste der Rasen nach dem Mähen geharkt werden. Hatte es höchstens eine Woche gestanden, ersparten wir uns das Harken. Also waren zwei von uns den Sommer über mit dem Mähen ausgelastet. Die Zimmer des Schwesternwohnhauses wurden mit einzelnen beheizt. Deshalb standen auf dem Flur neben den Zimmertüren nach oben und vorne offene Holzkisten, die wir Ersatzdienstleistenden mit Brennmaterial zu füllen hatten. Zuerst ordentlich gestapelt ganze Briketts, dann vier halbe oben drauf. Davor einige Scheite Holz zum Feuer anmachen und schließlich etwas Kleinholz. Neben den Kisten standen Ascheimer, die von uns geleert wurden. Unser Dienst am Staat bestand also vor allem aus Rasenmähen und Kohlenschleppen. Dabei waren wir einem Gärtner unterstellt, der nur zum Essen und vermutlich zum Schlafen seine Pfeife aus dem Mund nahm und ausschließlich Platt sprach. Als Binnenländer lernte ich so, nicht ganz freiwillig, Plattdeutsch zu verstehen.

Heute gehen an Tuberkulose erkrankte Menschen in eine Klinik und werden nach sechs Monaten geheilt entlassen. Damals war Tuberkulose noch eine Krankheit, die nur in leichten Fällen heilbar war. In Middelburg wurden Patienten behandelt, die nicht wieder gesund werden würden. Um die Ansteckung der Bevölkerung zu vermeiden, durften diese Patienten nicht in die Dörfer der Umgebung gehen und nur in besonders begründeten Fällen, z.B. wegen dringender Behördengänge, nach Hause fahren. Jeder Patient im Haus war sich darüber im Klaren, dass er seine letzte Nacht in Middelburg in der Leichenhalle verbringen würde. Es war offensichtlich schwer, geeignetes Personal für die Heilstätte zu finden. Der einzige Arzt war eigentlich ein Zahnarzt. Nachdem er selbst an Tuberkulose erkrankt und wohl wieder gesund war, sattelte er zum Lungenfacharzt um und übernahm den Posten als Chefarzt in Middelburg. Das Pflegepersonal bestand aus einer Oberschwester, die examinierte Krankenschwester war, dem ebenfalls examinierten Krankenpfleger und mehreren Schwesternhelferinnen. Schwesternhelferin wurde man nach einem vierwöchigen Kurs beim DRK. Der Krankenpfleger war gleichzeitig der Oberdesinfektor und er versorgte und schlachtete auch die Schweine. Essenabfälle durften wegen der Ansteckungsgefahr nicht aus der Heilstätte gelangen, deshalb wurden Schweine gehalten denen die Essensabfälle gefüttert wurden und die geschlachtet wurden und so auf die Teller der Patienten und des Personals gelangten.

Die beste Medizin gegen Tuberkulose war und ist gutes Essen. Das wussten auch Ärzte und die Leitung der Heilstätte. Der Koch bekam einen ungefähr doppelt so hohen Etat für die Küche, wie er in anderen Krankenhäusern üblich war. Er hätte mit seinen Kochkünsten auch in einem besseren Hotel kochen können. Ich habe in meinem Leben viele Gemeinschaftsküchen erlebt. Aber nirgends sonst habe ich eine so gute und schmackhafte Verpflegung kennen gelernt. Das Personal war meist, wie man es heute ausdrücken würde, übergewichtig. Aber das machte in der Heilstätte Sinn. Tatsächlich stecken sich diese Menschen weniger mit Tuberkulose an als untergewichtige Menschen.

Als unsere Waschfrau für längere Zeit krank wurde, musste

ich sie in der Waschküche vertreten. Mit Gummistiefeln und weißem Kittel verkleidet, steckte ich die Wäsche von rund 120 Personen erst in eine riesige Waschmaschine und anschließend in einen Wäschetrockner. Dann brachte ich sie in die Bügelstube, wo zwei Frauen sie an einer großen Mangel glätteten und, wenn notwendig, auch etwas daran nähten. Da ich mit dem Waschpulver wohl großzügiger umging als unsere Waschfrau, wurde ich für die saubere Wäsche besonders gelobt.

Ich wollte in achtzehn Monaten, die ich mit Rasenmähen, Briketts stapeln und vertretungsweise Wäsche waschen verbringen sollte, keinen rechten Sinn erkennen. Also fragte ich, ob ich nicht auf Station arbeiten könnte. Ich hatte seit der Zeit in Sandbach unter Tuberkuloseüberwachung gestanden, nun wurde also getestet, ob ich genügend Abwehrstoffe gegen die Krankheit hatte. Das war der Fall und ich bekam die weiße Kleidung eines Krankenpflegers. Ohne jede Ausbildung durfte ich nun direkt mit den Menschen arbeiten. Allerdings stieß ich hier auch an Grenzen, wo die Pflege nicht mehr unbedingt Spaß macht. So hatte ich an einem Wochenende allein mit dem Pfleger im Haus Dienst. Ein Patient hatte sich erbrochen und eingekotet, der Pfleger versorgte ihn auf der anderen Station. Einer 80-jährigen Frau, die so schwach war, dass sie nicht mehr aufstehen konnte, passierte kurz darauf das Gleiche. Gut, dass ich inzwischen gelernt hatte, einen Menschen, der bewegungsunfähig im Bett liegt, von Kopf bis Fuß zu waschen und dabei noch die komplette Bettwäsche zu wechseln. Mir blieb nichts anderes übrig, als die Frau zu versorgen, die sich nicht mehr aufsetzen oder sich sonst irgendwie helfen konnte.

Jeden Tag kontrollierten die Patienten im Spiegel ihre Haut. Eine ganz bestimmte Farbe war das Zeichen dafür, dass die letzten zwei Wochen des Lebens angebrochen waren. Da die Lunge den Körper nun nicht mehr mit genügend Sauerstoff versorgte, gaben auch die übrigen Organe in dieser Zeit den Dienst auf. Jeder Mensch reagierte darauf anders. Manche versuchten, sich mit Alkohol zu betäuben, andere legten sich von da an still ins Bett und warteten ab.

Ich erlebte, wie sehr das Personal bei der Arbeit mit diesen Patienten abstumpfen kann. Oftmals verschaffte reiner Sauerstoff den Patienten Erleichterung, den wir in großen Stahlflaschen im Haus hatten. Natürlich gab ich Patienten immer dann Sauerstoff, wenn sie mich darum baten oder ich es für angebracht hielt. Eines Tages bekam ich jedoch von der Oberschwester einen Rüffel, ich solle bei einem Patienten damit aufhören, weil der ja sonst noch ewig machen würde.

Auf einen Patienten war ich einmal richtig sauer. Mitten in der Nacht holte mich die Oberschwester aus dem Bett, weil ein Mann war gestorben war. Da es gab Fahrstuhl im Haus gab, mussten die Toten mussten durch das Treppenhaus getragen werden, um in die Leichenhalle getragen zu werden. Ich ging vorn, als die Griffe der Trage durch meine feuchten Hände zu rutschen begannen. Mit Schwung wollte ich nachgreifen, um die Trage nicht zu verlieren. Da setzte sich dieser Kerl auf der Trage in Bewegung und trat mich in meinen Hintern.

In der Heilstätte herrschte striktes Alkoholverbot. Durchgesetzt wurde es aber nicht und vor allem das Pflegepersonal war dem Konsum von Hochprozentigem zugetan. Deshalb hatte die Oberschwester immer eine große

Flasche Hardenberger Doppelkorn im Schreibtisch des Stationszimmers. Eine ganze neue Flasche leerten wir beide, auf den ungebührlichen Patienten schimpfend, ehe sie mich in mein Bett in der Baracke verfrachtete.

Es sollte sich noch auszahlen, dass ich meine Lehre abgeschlossen hatte: Das DRK hatte am Ostseestrand ein Zeltlager eingerichtet, in dem Jugendliche während der acht Hochsommerwochen ihre Ferien verbringen sollten. Da es dort keinen Stromanschluss gab, wurde ein Stromaggregat aufgestellt. Nun wurde ich in dieses Zeltlager geschickt, um während des Sommers dort die Technik zu betreuen. Es blieb genügend Zeit für mich, um am Strand zu liegen oder mich mit Jugendgruppen ans Lagerfeuer zu setzen.

Da der Fahrer des Landesverbandes gerade in den Ruhestand ging, brauchte ich im Herbst nicht mehr nach Middelburg zurück. Ich betreute die letzten Monate als Fahrer drei Fahrzeuge, erledigte Botengänge und fuhr wichtige Leute wie den Präsidenten, den Landesgeschäftsführer und andere Mitarbeiter des DRK zu wichtigen Terminen.

Kiel

Das Geld, das ich als Ersatzdienstleistender bekam, war nicht unbedingt reichlich. An den Wochenenden hatte ich genügend freie Zeit und wollte mir etwas dazu verdienen. In Frankfurt hatte ich bereits Mietwagen gefahren und fragte bei einem Mietwagenunternehmer in Kiel, der neben dem DRK wohnte, ob er mich als Aushilfe brauchen könnte. Der sagte zu und so fuhr ich an den Wochenenden manche Nachtschicht. Mein neuer Chef war mit seiner Funkzentrale noch nicht lange und nicht besonders gut im Geschäft und so gab es nicht allzu viel zu tun. Deshalb hatte ich genügend Zeit, den Stadtplan der für mich noch fremden Stadt zu studieren. Leben hätte ich von diesem Einkommen nicht können, aber ich wollte ja nur ein wenig Geld zusätzlich verdienen. Mein Chef war froh, dass sich jemand fand, die Schichten zu übernehmen. Da ich nach Provision bezahlt wurde, verdiente ich neben dem Schichtlohn von zehn Mark nur dann Geld, wenn ich Fahrgäste beförderte und kostete den Chef nur dann Geld, wenn auch er etwas einnahm. So waren wir beide zufrieden. Bei den ersten Fahrgästen musste mir der Fahrgast den Weg zeigen oder ich suchte das Ziel aus dem Stadtplan heraus. Aber bald fand ich den Bahnhof und andere wichtige Punkte in Kiel auch ohne Hilfe.

Als der Ersatzdienst beendet war, blieb ich in Kiel. Ich fand ein möbliertes Zimmer in der Innenstadt bei einer Witwe, die drei Räume ihrer großen Wohnung untervermietete. Sie pflegte mir sogar sehr preiswert meine Wäsche. Inzwischen kannte ich mich in Kiel aus und mein Chef hatte sich einer größeren Funkzentrale angeschlossen. Deshalb lief das für beide Seiten Geschäft ganz zufriedenstellend. Nun lebte ich als Mietwagenfahrer in Kiel. An sechs Tagen in der Woche war ich täglich zwölf Stunden mit dem Auto unterwegs. Da ich lieber nachts als am Tag fuhr, übernahm ich meist um 19 Uhr das Auto und übergab es nach der Abrechnung beim Chef um sieben Uhr an meinen Kollegen. Irgendwann wurde mir bewusst, dass es eigentlich nicht alles sein konnte, wenn ich zwölf Stunden am Tag arbeitete, nach dem Frühstück schlafen ging, am Nachmittag in meinem Stammlokal das preiswerte Tagesgericht einnahm und mich wieder auf den Bock setzte, um für mich und meinen Chef Geld zu verdienen.

In einer Zeitungsanzeige wurde versprochen, mit leichter Arbeit viel Geld verdienen zu können. Das probierte ich aus. Unser Kolonnenführer mietete in Lokalen einen Nebenraum, in dem er Kataloge und Bücher aufstellte. Zwei von uns hoffnungsvollen Werbern verteilten auf der Straße Gutscheine und lockten so Passanten in die Gaststätte, die nun in ein Gespräch verwickelt wurden. Wenn wir Pech hatten, konnten wir die Leute nicht von den Vorzügen eines Buchklubs überzeugen. Hatten wir Glück, unterschrieben sie einen Vertrag und wir bekamen am Ende der Woche eine Provision ausgezahlt. Bald stellte ich fest, dass nur wenige der Werber ausreichend "Scheine schreiben" konnten. Mir gelang das nur sehr selten, weil ich ihnen voller Überzeugung die Vorzüge des Buchklubs erklärte, aber kaum jemand darauf hin eine Unterschrift unter den Vertrag setzte. Später wurde mir klar, dass die erfolgreichen Kollegen die Menschen schlicht belogen. Sie erzählten ihnen, die Unterschrift sei nur ein Beleg dafür, dass ihnen die Vorzüge des Buchklubs erklärt worden sei oder andere Märchen. Tatsächlich unterschrieben die Leute aber einen Vertrag, ohne verstanden zu haben, dass sie nun zwei Jahre lang Mitglied dieses Buchklubs waren. Diese Art, "Scheine zu drücken", lag mir nicht. Nach zwei Monaten war mein erspartes Geld aufgebraucht. Ich ging wieder zu meinem Chef mit den Mietwagen und bekam die Schlüssel für ein Auto.

Richtig zufrieden war ich aber mit meinem Leben immer noch nicht. Ich ging zum Arbeitsamt und unterhielt mich mit einem Vermittler über meine beruflichen Möglichkeiten. Der wusste auch Rat und so wurde ich Disponent in einer Elektrogroßhandlung. Jeden Morgen lagen auf meinem Schreibtisch drei Stapel mit Lieferscheinen. Am Vortag hatte ich die Touren für drei Lkw zusammen gestellt, die bestellte Waren an Kunden in ganz Schleswig-Holstein verteilten. Dann überwachte ich, dass auf jeden Wagen die richtigen Lieferungen aufgeladen wurden und schickte die Fahrer los. Wenn ganz eilige Bestellungen kamen oder wenn mehr auszuliefern war, als auf die Lkw passte, packte ich die restliche Ware in den privaten Mercedes der Chefin und brachte die Waren selbst zu den Kunden. Nach ein paar Monaten war ich der Meinung, dass ich nun eingearbeitet sei und entsprechend meiner Verantwortung bezahlt werden sollte. Meine Chefin sah das jedoch anders. Ich hatte mir ausgerechnet, dass ich als Disponent deutlich weniger Geld verdiente, als wenn ich einen Mietwagen lenkte und so holte ich mir wieder die Autoschlüssel von meinem früheren Chef.

In Kiel machten sich Mietwagen, manche davon nannten

sich auch Minicars, und Taxis Konkurrenz. Das ist wohl in allen Städten so. Tatsächlich hatten es die Taxifahrer leichter, weil sie an Taxiständen auf Kunden warten und winkende Fahrgäste einladen konnten. Deshalb machte ich meinen Taxischein und wechselte das Auto und den Chef. Statt eines roten Simca fuhr ich einen schwarzen Mercedes mit einem beleuchteten Brikett auf dem Dach.

Im Taxi hat man zwar ständig mit Menschen zu tun, aber dauerhafte Bekanntschaften schließt man dabei nicht. Um das zu ändern, meldete ich mich bei einer Tanzschule an und lernte alle Standardtänze kennen. Angenehm war die lockere Atmosphäre, bei der man die anderen Tänzer kennen lernte. Bald hatte ich auch eine Partnerin gefunden, die mit mir gemeinsam weitere Kurse besuchte. Zum Tanztee am Samstag Nachmittag sahen wir uns regelmäßig und ich konnte auch ihre Eltern kennen lernen. Gelegentliche gemeinsame Ausflüge wurden zur schönen Abwechslung vom Alltag eines Droschkenkutschers.

Eines Abends kam ich mit einem Fahrgast ins Gespräch, mit dem ich mich auch über meine beruflichen Erfahrungen unterhielt. Dieser Fahrgast war der Chefmaskenbildner des Staatstheaters in Kiel. Als er ausstieg, gab er mir die Telefonnummer des Personalchefs. Einer der Beleuchter war langfristig erkrankt und das Theater suchte nun eine Vertretung für ihn. Ich war immer von der Atmosphäre in einem Zirkus fasziniert gewesen und es war mein Traum gewesen, ein Jahr lang mit den Clowns und Artisten durch die weite Welt zu ziehen. Diesen Traum hatte ich mir nicht erfüllt, aber war das Theater nicht so etwas Ähnliches? Ich stellte mich vor und einen Tag später ging ich bereits den Beleuchtern zur Hand. In dieser Spielzeit stand der "Vetter aus Dingsda" auf dem Programm, aber auch "My Fair Lady", Lohengrin und weitere Stücke. Das Licht wurde vom Lichtregieraum hinter den Zuschauern aus gesteuert, das machten die erfahrenen Kollegen. Die fest installierten Scheinwerfer wurden vor den Vorstellungen eingerichtet, bewegliche Scheinwerfer waren nicht bei allen Stücken notwendig. Lohengrin war für mich ziemlich ruhig, weil alle Scheinwerfer vom Lichtregieraum aus bedient wurden. Dagegen waren vor allem Operetten und Musicals ziemlich anstrengend. Ich besetzte immer den linken Versatz. Das heißt, bei jedem Bildwechsel stellte ich die beweglichen Scheinwerfer links von der Bühne auf und richtete sie so aus, wie der Regisseur die Bühne ausgeleuchtet sehen wollte. "Schwanensee" wurde für mich zum Härtetest. Von der Brücke über dem Vorhang aus durfte ich den Verfolger für einen der Tänzer führen. Ich lag also mit freiem Oberkörper bäuchlings auf dem Gerüst. Zwischen den Armen hielt ich einen 2000-Watt Scheinwerfer, der kardanisch aufgehängt war, damit er nicht auf die Bühne fallen konnte. Wer sich vorstellt, wie heiß eine 60-Watt Glühbirne ist, hat ungefähr eine Ahnung, welche Wärme ich bei 2000 Watt aushielt. Der Oberbeleuchter hatte mir versprochen, beim ersten Mal zu helfen. Meine Aufgabe war, einen Tänzer in einem besonders hellen Lichtkegel ständig zu beleuchten, ihn zu verfolgen. Wenn ich meinen Tänzer mit dem Licht verlieren würde, stelle er den Scheinwerfer dunkler, ich könne meinen Tänzer einfangen und er würde wieder aufdrehen. Mir war bis dahin gar nicht aufgefallen, wie kreuz und quer Tänzer auf der Bühne hin und her hüpfen. Anfangs musste mein Tänzer häufig mit dem normalen Bühnenlicht auskommen, aber zunehmend strahlte er im hellen Licht und schließlich hüpfte er unter dem Beifall des Publikums und dem steten Licht meines Verfolgers über die Bühne. Diese Zeit am Theater habe ich genossen, aber nach einem halben Jahr wurde Herr Alexander, der Beleuchter den ich vertreten hatte, wieder gesund und so wurde ich wieder Taxifahrer.

Eines Tages fand ich in den Kieler Nachrichten eine Anzeige, die mich interessierte. In einem Kinderkurheim an der Nordsee wurde ein Mann gesucht, der Kinder betreuen sollte. Ich stellte mich dort vor und bekam die Arbeitsstelle, die meinem Leben eine deutliche Wendung geben sollte. Ich zog nach St. Peter-Ording. Als ich mich von meiner Tanzpartnerin verabschiedete, weinte sie. Zum ersten Mal habe ich erlebt, dass eine Frau es bedauerte, weil ich von ihr fort ging.

St. Peter-Ording

Das Nordseeheilbad St. Peter-Ording liegt am westlichsten Ende der Halbinsel Eiderstedt in Nordfriesland. Dadurch hat es reines Inselklima, das ideal für Kinderkuren ist. Die Kinder wurden früher aus dem Binnenland in Sonderzügen in das Dorf gebracht, das einen eigenen Bahnhof besitzt. In Kuren von sechs Wochen Dauer, die von den Krankenkassen bezahlt wurden, sollten die häufig blassen und schmächtigen Kinder aufgepäppelt werden. Für die Kinder waren es Ferien.

Zu dieser Zeit gab es im Ort zweiundsiebzig Kinderheime, fast alle waren Kinderkurheime. Ich arbeitete in einem Heim im Ortsteil Ording. Das lag, vom Wasser aus gesehen, noch vor dem Deich. Die Heimleiterin leitete die Gruppe der "großen Jungen" selbst. Die ältesten Kinder waren vierzehn Jahre alt. Da sie aber wegen ihrer anderen Aufgaben nicht genügend Zeit für die Kinder hatte, brauchte sie Verstärkung und weil es die "großen Jungen" waren, sollte ein Mann ihre Stütze sein.

Wichtiges Kriterium für den Erfolg der Kur war die Gewichtszunahme. Die wurde vom Kurarzt bei drei Untersuchungen zu Beginn, in der Mitte und am Ende der Kur streng überwacht. Dafür war wiederum Voraussetzung, dass die Kinder großen Hunger hatten und den bekamen sie bei viel Bewegung in der frischen Seeluft. Immer, wenn das Wetter es zuließ, ging es nach dem Frühstück an den Strand, in den Wald, in die Dünen oder auf den Spielplatz. Im Sommer waren wir meistens am Strand, wo für das

Heim ein eigener Strandabschnitt reserviert war. Dort bauten wir für jede Gruppe eine große Sandburg, in der alle Kinder der Gruppe Platz fanden. Da die nächste Gruppe an der Burg der Kinder, die inzwischen wieder zu Hause waren, weiterbaute, hatten vor allem die großen Jungen bis zum Herbst eine wirklich riesige Sandburg gebaut. Damit uns bei den vielen Kindergruppen im Ort niemand verloren ging oder versehentlich in einem anderen Heim landete, liefen die Kinder immer in Zweierreihen im Dorf und regelmäßiges durchzählen der Gruppen war für die Erwachsenen Pflicht. Hungrig kamen die Kinder zum Heim zurück und bekamen ihr Mittagessen. Danach war Mittagsruhe. Alle gingen in die Betten, schlafen war Pflicht. Da reden, lesen oder spielen verboten war, schliefen die Kinder tatsächlich zwei Stunden lang, was vom Personal strengstens überwacht wurde. Nach dem Kaffeetrinken ging es wieder an die frische Luft und danach gab es Abendessen. Nach dem Abendbrot wurde noch auf dem Heimgelände gespielt und dann ging es in die Betten. Ich las jeden Abend ein Kapitel aus einem Jugendbuch vor, dann waren die Jungen müde genug, um zu schlafen. Als Höhepunkt der Kur gab es immer ein besonderes Fest mit Spielen und sportlichen Wettbewerben.

Auf diese Weise gingen sechs Wochen schnell um und die Kinder fuhren wieder nach Hause. Das Heim wurde geputzt, die Betten bezogen und die nächsten Kinder eroberten das Heim.

Ich genoss meine freie Zeit vor allem auf der vierzehn Kilometer langen Sandbank, die vor St. Peter-Ording liegt. Ich hielt nach Bernstein Ausschau. Mit den Kindern sammelte ich die vielen verschiedenen Muscheln und

Schnecken und andere interessante Dinge, die man am Strand finden kann. Wenn die Kinder wieder nach Hause fuhren, konnten sie die verschiedenen Muscheln, die sie als Andenken mitnahmen, mit ihren Namen bestimmen.

Ich begann, die Nordsee zu lieben. Wind und Wellen, Sonne und Regen und die endlose Weite taten Körper und Seele gut. Stürme und besonders Sturmfluten forderten Respekt und mit der Zeit konnte ich mich auch mit ihnen anfreunden. An einem Abend war bei Sturm Hochwasser angekündigt und ich wollte dieses Schauspiel besonders intensiv erleben. Ich kannte inzwischen die Sandbank wie meine Hosentasche und konnte erleben, von was ich dringend jedem Touristen abraten muss: Ein Sturm auf der Sandbank. Mehrere lange Unterhosen und Hosen, Pullover und Socken übereinander angezogen, mit Gummistiefeln und einem Parka wind- und wasserdicht verpackt, ging ich los. Es war bereits kein Sand mehr zu sehen, da auch an den höchsten Stellen das Wasser bereits die Sandbank einige Zentimeter überspülte. Ich wusste, wo ich entlang gehen musste und stapfte gegen den Sturm zu den Pfahlhäusern, die auf der Sandbank stehen und die wohl fast jeder von Ansichtskarten aus St. Peter-Ording oder Kalenderblättern kennt. Ich hatte eine Taschenlampe mitgenommen, aber die brauchte ich nicht. Die Wolken jagten über mich hinweg, der Mond beleuchtete alles um mich herum, bevor er sich hinter der nächsten Wolke versteckte. Mitten in der Nacht war es so hell, dass ich jede Welle, jedes Stück Treibholz gut erkennen konnte. An einem der Pfahlhäuser setzte ich mich schließlich in den Windschatten hoch über dem Wasser und genoss, wie es so treffend in einem Seemannslied heißt, den Sturm, die brausenden Wogen, des eiskalten Windes raues Gesicht. Das Hochwasser stieg bis zu seinem höchsten Stand und ging schließlich, wie im Gezeitenkalender vorhergesagt, langsam wieder zurück. Als das Wasser wieder ablief, ging ich mit dem Wind im Rücken nach Hause, schälte mich aus meinen Kleidern und ging glücklich und zufrieden ins Bett.

Eines Abends kam eine Kollegin aufgeregt zu mir und erzählte, jemand wolle meinen VW-Bus klauen. Der stand an der Straße vor dem Heim und tatsächlich stand jemand an der Beifahrertür, der sich ziemlich ungewöhnlich verhielt. Ich ging hin und sah einen jungen Mann, der sich mit den Händen an meinem Auto festhielt. Die Türen und das Dach waren blutverschmiert und dem jungen Mann lief Blut von der Stirn seitlich über das Gesicht. Zur Verstärkung war inzwischen unser Hausmeister hinzugekommen. Der bot an, einen Krankenwagen zu rufen, was der Mann aber mit Gesten deutlich ablehnte. Er sprach kein Wort, schien offenbar auch nicht sprechen zu können. Auf mein Angebot hin, ihn zum Arzt zu fahren, stieg er aber zu meiner Verwunderung tatsächlich in den Bus ein. Ich brachte ihn zu unserem Dorfarzt. Der suchte nach einer ersten Untersuchung in den Taschen nach Papieren und fand eine Ansichtskarte in der inneren Jackentasche, auf der etwas geschrieben war. Ich konnte es nicht entziffern, der Arzt sagte aber nun, er könne nichts für den Mann tun, der müsse schnellstens ins Krankenhaus. Wir packten den Mann wieder in den Bus und ich fuhr ihn ins 30 km entfernte Tönning. Der Arzt kündigte uns inzwischen telefonisch an. Die Tür zum Krankenhaus war verschlossen, also hupte ich, bis endlich eine Krankenschwester erschien. Die blaffte mich erst mal an,

ich solle wegen so einem Selbstmörder nicht so einen Lärm machen und verschwand mit ihm im Krankenhaus. Ich fuhr nach Hause und legte mich nach dem aufregenden Abend ins Bett, um zu schlafen. Nun klingelte unser Dorfpolizist an der Tür. Ich zog mich wieder an und der Polizist erzählte, der junge Mann sei nun in ein Krankenhaus in Kiel gebracht worden. Er habe sich selbst erschießen wollen. Die Pistole sei aber verschwunden. Damit nicht womöglich am nächsten Tag irgendwelche Kinder die Pistole finden, suchten wir mit Taschenlampen vergeblich nach ihr und brachen schließlich die Suche ab. Am nächsten Morgen kam der Polizist noch einmal vorbei. Er hatte, als es hell wurde, weiter gesucht. Nun hatte er die Pistole unter einer Bank am Strand, auf der den Spuren nach der junge Mann gesessen hatte, als er sich das Leben nehmen wollte, gefunden. Vor dort aus war der Mann noch bis zu meinem Bus gegangen, wo wir ihn entdeckt hatten.
Einige Wochen später erhielt ich einen Brief von der Mutter des jungen Mannes. Der hatte sich aus Liebeskummer das Leben nehmen wollen. Sie bedankte sich für die Hilfe und beschrieb, weshalb die Kugel aus der Pistole ihren Sohn nicht getötet hatte. Er sei Brillenträger, deshalb habe er die Pistole zu hoch über dem Brillenbügel an die Schläfe gesetzt. Dadurch hatte er es überlebt, als die Kugel durch den Kopf hindurch gegangen und an der anderen Seite wieder heraus getreten sei. Sie habe aber das Sprachzentrum im Gehirn verletzt und es sei nun nicht sicher, ob er jemals wieder würde sprechen können.

In einem anderen Kinderkurheim in St. Peter wurde ein Erzieher gesucht. Dort sollte ich ebenfalls die "großen

Jungen" betreuen, aber nicht als zweite Kraft neben der Heimleiterin in deren Gruppe. Ich sollte die Gruppe eigenständig führen. Ich wechselte in dieses Heim. Es gehörte einem älteren Ehepaar, das bereits im Rentenalter war. Schnell fühlte ich mich dort wohl, die Arbeitsatmosphäre war familiär, die Arbeit war die Gleiche wie in dem Heim vorher. Ich hatte aber mehr Freiheiten, die von den Jungen genossen wurden. So führte ich für jede Kur eine Nachtwanderung und eine Ganztageswanderung für die großen Jungen ein.

Während der Winterpause sollte das Heim geschlossen werden. Das hätte für mich Arbeitslosigkeit bedeutet. In einer Wochenzeitung suchte ein Internat Erzieher und ich stellte mich dort vor. Nachdem die letzten Kurkinder nach Hause gefahren waren, packte ich mein Hab und Gut in meinen VW-Bus und trat eine neue Aufgabe in Eringerfeld an.

Eringerfeld

Das Schloss Eringerfeld wurde um 1680 erbaut. Heute wird es, eines der schönsten Barockschlösser Westfalens, als Schloss-Hotel genutzt.

Wenige Jahre, bevor ich dort ankam, hatte eine Familie aus Bayern das Schloss und große Grundflächen um das Schloss herum gekauft. Das Schloss war renoviert worden und auf den umliegenden Flächen waren neue Gebäude entstanden. In diesen konnten 1200 Schüler wohnen und in mehreren Schulen unterrichtet werden. Bis auf die Grundschule waren alle wichtigen Schulformen vertreten, Haupt- und Realschule, Gymnasium und Handelsschulen. Durch die Aufbaurealschule und Aufbaugymnasium konnten Schüler in die jeweils nächsthöhere oder niedrigere Schulform wechseln.

Das Internat war damals das größte in Deutschland und zusätzlich wurden Schüler aus der Region täglich mit Bussen in die Schulen gebracht.

Das Internat wurde von einem Direktor geleitet, jedes der Wohngebäude hatte eine Heimleitung und in jeder Gruppe war ein Erzieher für seine rund dreißig Schüler verantwortlich. Ich leitete eine Gruppe mit Jungen der 9. Klasse der Realschule, dazu kamen einige Jungen der 9. Klasse der Hauptschule, um die 32 Betten auf dem Flur zu füllen. Mein eigenes Zimmer war gleich das erste rechts auf dem Flur, ich teilte also mit den Jungen die gesamte Zeit, die ich in Eringerfeld verbrachte.

Viele Schüler stammten aus wohlhabenden Familien, die es sich leisten konnten, die Internatsgebühren zu bezahlen. Meist waren die Eltern davon überzeugt, dass die Erziehung in einem Internat ihren Kindern das Rüstzeug für ein erfolgreiches Berufsleben vermitteln würde. Gerade bei adligen Familien erzählten mir manche Väter, dass sie selbst und auch ihre Väter im Internat erzogen worden waren und sahen dies als Ursache für ihre eigenen erfolgreichen beruflichen Karrieren. Es gab aber auch Schüler, bei denen ein Jugendamt für die Kosten aufkam.

Die Zimmer waren einfach eingerichtet. Zwei oder vier Betten und ein Tisch in jedem Raum, für jeden ein Kleiderschrank, ein Nachttisch und ein Stuhl. Bilder oder Poster durften nur an den Holzleisten über den Betten aufgehängt werden, Nägel in die Wände einschlagen oder diese bekleben war verboten. In einem Wohnraum kamen wir zum Spielen oder zu den regelmäßigen Gruppenbesprechungen zusammen.

Dort stand auch der Fernseher. Mit dem Gruppensprecher legte ich das Fernsehprogramm fest, das an der schwarzen Tafel im Flur ausgehängt wurde. Nur zu diesen Zeiten durfte ferngesehen werden. Wenn ein einzelner Erzieher über dreißig Schüler im Griff haben will, ist eine besondere Form von Pädagogik notwendig, nämlich Gruppenpädagogik. Der einzelne Schüler muss hinter der Gruppe zurückstehen, alle erzieherischen Maßnahmen wirken sich auf die gesamte Gruppe aus. Wenn der Fernsehapparat zu Zeiten eingeschaltet war, als er nicht laufen sollte, war nicht die Frage, wer ihn eingeschaltet hat. Es war auch nicht die Frage, wer sich gerade etwas ansehen wollte. Der Wohnraum wurde abgeschlossen und die ganze Gruppe konnte eine Woche lang nicht fernsehen. Den Rest machten die Jungen unter sich aus. Danach lief der Fernseher nur noch zu den festgelegten Zeiten. Was die Jungen unter sich ausmachten, konnte härter sein, als jede Maßnahme, die ein Erzieher verhängen durfte. In einem Vierbettzimmer wohnte ein Junge, der mit Wasser und Seife auf Kriegsfuß gestanden hatte. Eines Nachts zogen die anderen drei ihn aus, rieben seinen Hintern mit Schuhcreme ein und polierten ihn glänzend. Als ich den Jungen mitten in der Nacht unter der Dusche fand, beschwerte er sich nicht, duschte aber von nun an täglich.

Ein typischer Tag in Eringerfeld begann damit, dass ich im Bad der Gruppe duschte und danach die Jungen weckte. Nach den Frühstück gingen die Schüler in die Schule und nun konnte auch ich im Kasino frühstücken. Die Schüler durften die Gruppe während der Schulzeit nicht betreten, ich hatte nun fünf Stunden frei.

Um zwölf gab es Mittagessen für die Erzieher und unterrichtsfreien Lehrer im Kasino, danach begann mein Dienst wieder. Alle Schüler kamen um eins aus der Schule und ich ging mit meiner Gruppe in den Speisesaal. Dort stand ich, wie bei allen Mahlzeiten, während des Essens vor Kopf des langen Tisches und achtete darauf, dass Regeln und Tischsitten von allen eingehalten wurden. Nach dem Essen und einer kurzen Pause begann das Klassensilentium. Ich traf mich mit den Realschülern, nun waren auch die Mädchen der 9. Klasse dabei, in deren Klassenzimmer. Silentium bedeutet Ruhe und zwei Stunden lang hatte diese zu herrschen, alle Schüler arbeiteten konzentriert für sich allein. Nur in Ausnahmefällen kam jemand zu mir, um sich etwas vom Schulstoff erklären zu lassen.

Danach hatten die Schüler Freizeit bis zum Abendbrot, dann noch einmal eine Stunde frei. Abends wieder eine Stunde Silentium, nun auf den Zimmern, und anschließend war Nachtruhe.

Alle vierzehn Tage war Heimfahrtwochenende. Nach Schulschluss am Freitag um 13.00 Uhr fuhren alle Schüler nach Hause, die Erzieher hatten ebenfalls bis zum Sonntag um 16.00 Uhr frei. Dann strömten die Schüler wieder in ihre Zimmer.

Ungefähr zwanzig bis dreißig Schüler blieben an diesen Wochenenden meistens im Internat, weil sie aus verschiedensten Gründen nicht nach Hause fahren konnten. Für deren Betreuung gab es mit je einem Erzieher und einer Erzieherin einen Wochenenddienst.

An den Schulwochenenden war auch am Samstag Unterricht, aber es gab kein Silentium. Am Sonntag Nachmittag waren Freizeitangebote Pflicht. Alle Erzieher hatten sich in Listen mit Angeboten eingetragen, alle Schüler mussten sich aus diesen Listen ein Angebot aussuchen, an dem sie teilnahmen. Das konnten Sport-, Bastel-, Wander-, Musik- oder viele andere Angebote in Eringerfeld oder auch weiter weg sein. So fuhr ich mit zwei gecharterten Reisebussen zur Besichtigung einer Tropfsteinhöhle. Zum Besuch des Kinos in der nächsten Stadt wurden Plätze gebucht, in mehreren Reisebussen wurden die Schüler zu der Vorstellung gefahren.

In einem der Schulgebäude war ein Fotolabor eingerichtet. Da ich gerne fotografierte, übernahm ich die Arbeitsgemeinschaft Fotografie. Wir zogen durch die Landschaft und fotografierten, um dann die Filme im Labor zu entwickeln und Papierbilder abzuziehen. Aus Anlass eines Festes organisierten wir eine Fotorallye. Jede Gruppe von sechs Schülern bekam ein selbst hergestelltes Fotoalbum und nach den Fotos musste der Weg gefunden werden. Unterwegs waren verschiedene Aufgaben zu bewältigen und zum Abschluss gab es eine Siegerehrung mit Urkunden für die erfolgreichsten Gruppen.

Einen Ausgleich für die lange Arbeitszeit hatten die Erzieher, indem sie in allen Ferien Urlaub hatten. Mit meinem VW-Bus fuhr ich dann regelmäßig nach Schleswig-Holstein. In Kiel studierte eine Freundin, die ich St. Peter kennen gelernt hatte, an der pädagogischen Hochschule. Ich hatte erfahren dass es an der PH eine Möglichkeit gab, auch ohne Abitur das Studium zum Diplompädagogen aufnehmen zu können. Dafür musste eine Prüfung abgelegt werden, nach einem Jahr an der PH bekamen die Studenten die endgültige Zulassung zum Studium.

Ich verließ Eringerfeld und ging wieder nach Kiel.

Kiel II

Ich war nach Kiel gekommen, um die Chance zu nutzen, an der Pädagogischen Hochschule studieren zu können. Bis zu dem Termin der Prüfung hatte ich aber noch Zeit. Ich bezog eine Wohnung im damals gerade fertig gestellten größten Wohnhaus in Kiel-Mettenhof. Es war ein 1-Zimmer Appartement im 15. Stock des "Weißen Riesen", der insgesamt 24 Etagen hoch ist.

Arbeit fand ich in einem heilpädagogischen Kinderheim. Besitzer und Heimleiter war ein Mann, der sich als Heilpädagoge bezeichnete. Diese Berufsbezeichnung leitete er daraus ab, dass er am Heilpädagogischen Institut der Pädagogischen Hochschule eine Ausbildung zum Sonderschullehrer durchlaufen hatte. Als Erzieher arbeiteten im Heim zwei Männer, einer war eigentlich Jurist. Der andere war ein Versicherungsvertreter, der sich gerne als Direktor ansprechen lies, weil er früher eine Bezirksdirektion inne hatte. Dazu kamen Psychologen und Nachhilfelehrer, die stundenweise tätig waren, sowie das Hauspersonal.

Untergebracht waren die Kinder und Jugendlichen in einer großzügigen Villa und einer im Garten liegenden Baracke. In dieser lebten die jüngeren acht Knaben. Ich hatte die Aufgabe, mich um die vier kleinsten davon zu kümmern.

Die Kinder und Jugendlichen besuchten öffentliche Schulen in der Stadt und wurden mit dem heimeigenen Kleinbus zur Schule gebracht und abgeholt. Morgens brachte der Hausmeister die Jungen und Mädchen in die Schule.

Mittags hatte ich Fahrdienst und holte sie ins Heim zurück. Nach dem Mittagessen wurden Hausaufgaben erledigt und anschließend war Freizeit. Nach dem Abendessen wurde gespielt oder ferngesehen und wenn ich die Jungen in die Betten gebracht hatte, war für mich Feierabend und ich durfte nach Hause. Um freie Tage musste ich jeweils bitten und hatte sie kaum, da ich in der Woche für den Fahrdienst da sein musste und an den Wochenenden Dienst bei meinen Jungen hatte.

Die großen Jungen waren bis 18 Jahre alt und hatten ein nicht alltägliches Freizeitangebot: Autofahren. Von Schrottplätzen wurden Autos geholt, deren Motor noch lief. Mit diesen Autos wurde dann Runde um Runde zwischen den Obstbäumen gedreht und begeistert an den Autos geschraubt.

Die Kleinen durften noch keine eigenen Autos haben. Dafür hatte ich aber alle Freiheiten, um ihre Freizeit zu gestalten. So fuhren wir nach St. Peter-Ording und übernachteten am Strand oder fuhren zur Kuchenschlacht auf den Fernsehturm nach Hamburg. Dort konnte man zum Pauschalpreis von 5,- DM eine Stunde lang im sich drehenden Restaurant beim Blick über Hamburg so viel Torte essen, wie man wollte. Einmal war auch der Heimleiter mit den großen Jungen gleichzeitig dort und das Wettessen gewann ein großer, der in dieser einen Stunde vierzehn Stücke Torte aß.

Ein beliebtes Spiel war das "Aussetzen". Mit verbundenen Augen wurden die Mitspieler in ein Auto gesetzt und an einen Ort gefahren, an dem kein Haus und keine wichtige Straße mehr zu sehen war. Dieser Ort konnte bis zu 20 km vom Heim entfernt liegen. Nun mussten sie selbständig zum Heim zurück finden. Handys gab es damals noch nicht, Trampen war verboten. Die Mitspieler hatten einen verschlossenen Umschlag mit 20,- DM und Telefonmünzen dabei. Damit konnten sie notfalls Busse oder die Bahn benutzen oder anrufen. Dann war aber die versprochene Belohnung verfallen. Wenn sie zu Fuß und mit unbeschädigtem Umschlag im Heim ankamen, gewannen sie den Umschlag als Taschengeld. Wenn die Kleinen sich aussetzen ließen, wurde auch ich mit verbundenen Augen weggefahren und gab Tipps, wie man wieder nach Hause findet.

Vom Vogeldoktor, einem Mann, der kranke Wildtiere gesund pflegte und dann wieder auswilderte, bekam ich einen Iltis. Die Mutter hatte bei ihm einen Wurf Junge bekommen und er erklärte mir, wie ein Iltis handzahm wird. Wichtig ist der Zeitpunkt, an dem er zu einem Menschen kommt, weil er dann auf diesen geprägt wird. An dem idealen Tag holte ich ihn zu mir. Er wurde ausschließlich aus der Hand gefüttert und bekam Hackfleisch mit Eigelb, zu kleinen Bällchen geformt. So wurde er absolut zutraulich. Mit Halsband und Leine konnten wir bald spazieren gehen und schließlich erregten wir Aufmerksamkeit, wenn ich mit einem Fettchen mit Halsband, aber ohne Leine in der Holstenstraße, der Kieler Fußgängerzone in der Innenstadt, spazieren ging. Er kam aufs Wort oder einen Pfiff zu mir und auch zu Thomas, einem der Jungen aus dem Heim, auf den der Iltis ebenfalls geprägt war. Thomas hatte ein Talent im Umgang mit Wildtieren, dessen Ursache mir bis heute nicht erklärbar ist. In Kiel gibt es ein Aquarium, in dem auch Seehunde in Innen- und Außenbecken gehalten werden. Wenn Thomas sich außen auf den Beckenrand setzte, kam bald ein Seehund zu ihm, um sich streicheln zu lassen. Ich habe niemals gesehen oder gehört, dass sich die Kieler Seehunde von einem anderen Menschen streicheln ließen.

Eines Nachts, ich kam zusammen mit den Jungen gerade aus Hamburg zurück, sah ich am Rand der Autobahn ein verletztes Tier liegen. Es war ein Fuchs, der beide Vorderpfoten gebrochen hatte. Ich konnte ihn nicht verletzt zurück lassen, also legte ich ihn ins Auto. Dann brachte ich die Jungen ins Heim und nahm den Fuchs mit nach Hause, wo er mir das Hackfleisch wie der Iltis aus der Hand fraß. Er schlief über Nacht auf einem Handtuch im Badezimmer und am nächsten Tag brachte ich ihn zum Vogeldoktor. Der sah sich den Fuchs nur durch das geschlossene Autofenster an und stellte fest: "Den fasse ich nicht an, der Fuchs hat Tollwut". Ich musste zum Schlachthof fahren, wo der Amtstierarzt mich lobte, wie vorbildlich ich die gebrochenen Pfoten geschient hatte und dann den Fuchs mit einer Pistole erschoss, um ihn untersuchen zu können. Der Vogeldoktor hatte recht gehabt: Der zutrauliche Fuchs hatte tatsächlich Tollwut und war an der Autobahn von einem Auto angefahren worden. Tollwut ist eine Krankheit die, wenn sie erst einmal ausgebrochen ist, immer tödlich verläuft. Also mussten die Heimjungen, die mit mir an diesem Abend unterwegs waren, und natürlich ich selbst gegen Tollwut geimpft werden. Eine schmerzhafte Angelegenheit, acht mal bekam jeder von uns eine Spritze in die Bauchdecke.

Inzwischen war der Termin für die Prüfung an der PH gekommen. Da ich mich darauf aber nicht ausreichend vorbereitet hatte, fiel ich durch diese Prüfung und der

Traum von einem Studium an der Pädagogischen Hochschule war ausgeträumt.

Da ich mein Leben nicht ausschließlich im Heim zubringen wollte, meldete ich mich wieder an der Tanzschule an. Bald fand ich eine sympathische Tanzpartnerin. Es irritierte mich allerdings erheblich, als sie mir eines Tages ihre Tochter vorstellte. Die wusste, dass ihre Mutter mit einem fremden Mann regelmäßig tanzen ging und wollte mich kennen lernen. Nun erfuhr ich, dass meine Tanzpartnerin nicht nur verheiratet, sondern auf der Suche nach einem anderen Mann war. Nein, eine verheiratete Frau mit Kind wollte ich mir nicht zulegen und beendete diese Beziehung rechtzeitig.

Ich wusste damals noch nicht wirklich, was unter Heilpädagogik zu verstehen ist. Es reichte aber, um mich über verschiedene Dinge zu wundern, die im Haus wie selbstverständlich waren. Ein vierzehn Jahre altes Mädchen, um das sich der Heimleiter selbst intensiv kümmerte, lief immer wieder weg. Deshalb wurde sie in einem Dachzimmer eingesperrt. Sie kletterte aus dem Fenster. über das Dach. die Regenrinne hinunter und verschwand. Beim nächsten Mal musste sie sich splitternackt ausziehen, als sie vom Heimleiter im Dachzimmer eingeschlossen wurde. Sie verschwand trotzdem und besorgte sich irgendwo etwas zum Anziehen. Da sie immer wieder nackt eingeschlossen wurde, hatte sie später vorsorglich immer im Garten eine Plastiktüte mit Anziehsachen versteckt.

Das Wohnzimmer des Heimes war der zentrale Raum im Haus. Dort stand der riesige Schreibtisch des Heimleiters. Wer ankam, ging über eine Treppe auf die Terrasse, und dann an diesem Schreibtisch vorbei in das Haus. In den Schreibtisch eingelassen waren sechs Monitore und über die dazu gehörenden Kameras hatte er jederzeit die wichtigsten Räume unter Kontrolle, auch die Wohnbereiche in der Baracke. Der Heimleiter spielte gerne mit der allerneuesten Technik. Personalcomputer waren damals noch nicht erfunden, aber mit einer Hollerithmaschine, einem Vorläufer des PC, konnte er bereits auf Lochkarten eingestanzte Informationen in kürzester Zeit auszählen. Die perfekte Überwachung im Haus erinnert mich an Georges Orwells Zukunftsvision "1984".

Die Dinge, über die man sich in dem Heim wundern konnte, wurden immer mehr und schließlich wurde das Landesjugendamt als Aufsichtsbehörde auf sie aufmerksam. Alle Kinder und Jugendlichen, die aus Schleswig-Holstein stammten, wurden ohne Vorankündigung von ihren Sozialarbeitern am gleichen Tag aus dem Heim abgeholt und in anderen Einrichtungen untergebracht. Die Bewohner, die aus Berlin und Hessen stammten, blieben aber im Heim. Den Mitarbeitern, die das LJA informiert hatten, wurde gekündigt und auch ich verließ das Heim. Inzwischen hatten sich bei mir Berge von Überstunden angehäuft. Mündlich hatte mir der Heimleiter immer wieder versprochen, mich für diese zu bezahlen. Er brauche dafür angeblich nur noch die Erlaubnis dafür vom LJA als der Aufsichtsbehörde. Beim Arbeitsgericht erfuhr ich, dass ich keinen Anspruch auf die Bezahlung von inzwischen mehreren tausend DM hatte, weil das so nicht im Arbeitsvertrag festgehalten war.

Ich fragte auf dem Arbeitsamt nach, ob man mir eine neue Stelle als Erzieher vermitteln könne. Eine kompetente

Arbeitsvermittlerin machte mir aber deutlich, dass ich auf Dauer ohne eine Ausbildung keine Chance in diesem Beruf hätte. Sie organisierte, dass ich trotz Warteliste und ohne Realschulabschluss einen Platz an der Fachschule für Sozialpädagogik bekam: Das staatliche Schulamt stellte fest, dass ich mit dem Abgangszeugnis von der Realschule und der erfolgreichen Lehre einen dem Hauptschulabschluss entsprechenden Schulabschluss besaß. In irgend einem Erlass stand, dass berufserfahrene Erzieher auch mit Hauptschulabschluss an der Fachschule für Sozialpädagogik aufgenommen werden können. Da ich durch die immer feuchten Hände meinen erlernten Beruf nicht ausüben konnte, bezahlte mir die Rentenversicherung während einer Reha-Maßnahme so viel Geld, dass ich davon gut leben konnte. So konnte ich zwar nicht an der Pädagogischen Hochschule studieren, aber dank dieser engagierten Arbeitsvermittlerin, die alle Tricks und Kniffe beherrschte, hatte ich nun einen Platz an der Schule, an der ich ein stattlich anerkannter Erzieher werden konnte.

Bis zum Beginn des Schuljahres dauerte es aber noch ein paar Monate, und diese Zeit arbeitete ich wieder in dem Kinderkurheim in St. Peter-Ording, das ich bereits gut kannte.

Angela

Es waren noch ein paar Monate, bis das erste Jahr an der Schule in Kiel beginnen sollte. Für diese Zeit ging ich nun wieder nach St. Peter-Ording in das Kinderkurheim, in dem ich zuletzt gearbeitet hatte.

Viel hatte sich in der Zwischenzeit nicht verändert. Einige Mitarbeiterinnen hatten gewechselt und eine der neuen interessierte sich sehr dafür, wer wohl der Mann war, der im Alter von Mitte zwanzig mit seiner Mutter zum Vorstellungsgespräch erschien. Muttsch kannte die Besitzer des Heimes, weil sie mich früher öfter in St. Peter besucht und ihren Urlaub in Ording verbracht hatte. Also hatte ich sie an die Nordsee mitgenommen und sie kam auf eine Tasse Kaffee mit ins Haus. Die zukünftige Kollegin war zwar eigentlich krank geschrieben, weil sie sich ein Handgelenk gebrochen hatte, servierte uns aber trotzdem den Kaffee. Später gestand sie mir, dass sie meine Mutter und mich aus der Nähe sehen wollte.

Wie früher betreute ich die "großen Jungen" und der Alltag im Heim lief wie gewohnt ab. Ich wohnte in einem Appartement in der Nachbarschaft. Da bot es sich an, dort auch mal ein Fest zu feiern. Es wurde ein fröhlicher Abend mit Knabberzeug, viel Lambrusco und Musik von Kassetten. Als der Abend zu Ende ging, überraschte mich Angela. Sie verkündete den anderen, die könnten nun ruhig nach Hause gehen, sie selbst würde über Nacht hier bleiben. Davon wusste oder ahnte ich bis dahin nichts. Wir waren bisher weder Hand in Hand spazieren gegangen, noch hatten wir uns geküsst oder sonst unsere Liebe gezeigt. Als alle anderen gegangen waren, lag kurz danach eine splitternackte junge Frau in meinem Bett und ich folgte gern ihrem Beispiel...

Am nächsten Tag war ich sehr verunsichert. Ich hatte zum ersten Mal mit einer Frau geschlafen und glaubte, nun würde ich pausenlos auf Wolken schweben. Angela ließ sich aber nicht anmerken, dass zwischen ihr und mir etwas Besonderes geschehen war. Ich hatte sogar den Eindruck, dass sie mir aus dem Weg ging. Tief enttäuscht legte ich am Abend einen 20.- DM Schein in einen Briefumschlag. Ich wollte ihr die Entlohnung für etwas, das sie offenbar nicht aus Zuneigung, sondern aus anderen Motiven heraus getan hatte, nicht vorenthalten. Eine Woche lang lief ich mit dem Briefumschlag in der Tasche durch die Gegend, traute mich aber letztlich nicht, ihn ihr zu geben. Doch irgendwann verhielt sich Angela wieder so unbeschwert und fröhlich, wie ich sie bisher gekannt hatte und ich legte den Geldschein zurück in meine Geldbörse. Wir verbrachten mehr Zeit miteinander und sie verkündete, dass sie sich wohl doch lieber die Pille besorgen wolle. Bis dahin wollte sie nach dem Kalender verhüten. Bei einem Ausflug mit den Kurkindern in den Tierpark in Neumünster machten wir unsere Späße, als wir dort Störche entdeckten. Als mein Engelchen mir schließlich erzählte, dass sie schwanger ist, wusste ich nicht gleich, ob ich mich freuen sollte. Auf die Situation, möglicherweise Vater zu werden, war ich nicht vorbereitet. Meine Bedenken wurden aber schnell durch die Freude, mit dieser lebenslustigen Frau das Leben zu teilen und mit ihr Kinder haben zu dürfen, weggewischt. Ich fuhr zu Angelas Mutter und bat sie um die Zustimmung, ihre

Tochter heiraten zu dürfen. Die wollte zuerst von mir wissen, ob Angela und ich heiraten müssen, da sie ahnte, was geschehen war. Damals wurden junge Menschen erst mit 21 Jahren volljährig und wir brauchten auch noch die Zustimmung des Jugendamtes zur Heirat. Die Mutter und das Jugendamt stimmten zu.

Die Zeit in St. Peter verging wie im Flug und als das Schuljahr in Kiel begann, zog ich mit Angela in meine Wohnung im Weißen Riesen in Kiel. Nun begann für mich eine sehr glückliche Zeit.

Ich besuchte die städtische Bildungsanstalt für Frauenberufe. An der gab es neben den zukünftigen Kinderpflegerinnen und Schülerinnen für hauswirtschaftliche Berufe 125 Schüler, die Erzieher werden wollten. Fast alle waren Frauen, die gerade mal 4 Männer an der Schule waren gemeinsam mit 21 Frauen in einer Klasse. Ich war einige Jahre älter als fast alle Mitschüler und wurde Schulsprecher. Auch bei den Lehrerinnen hatte ich einen besonderen Stand. Meine Klassenlehrerin war eine ältere Dame, die mehrere Jahrzehnte Berufserfahrung als Kindergärtnerin gesammelt hatte, bevor sie diese als Lehrerin an der Schule weitergab. Von Heimerziehung hatten die Lehrer bisher nur am Rande gehört, ich aber hatte bereits mehrere Jahre in Heimen gearbeitet. Früher waren Kindergärtnerin und Heimerzieher zwei verschiedene Berufe, die erst vor kurzer Zeit zu einem zusammengefasst worden waren. Selbst die junge attraktive Psychologin, die in den Unterrichtsfächern Pädagogik und Heimerziehung unterrichtete, kannte den Unterrichtsstoff nur aus Büchern.

Religion und Philosophie waren zwei Unterrichtsfächer,

von denen wir uns eines zur Teilnahme aussuchen sollten. Beide wurden von einem Pfarrer unterrichtet, der es verstand, diesen Unterricht sehr interessant zu gestalten. Er selbst war in China als Kind von Missionaren aufgewachsen und kannte die verschiedenen Religionen so gut, dass er diese im Unterricht spannend vorstellen konnte. Auch den häufig als zäh angesehenen Unterricht in Philosophie gestaltete er so interessant, dass ich mich nicht für eines der Fächer entscheiden konnte und deshalb beide belegte.

Eine bemerkenswerte Persönlichkeit war ebenfalls unsere Sportlehrerin, die einerseits den Sport bei uns unterrichtete, aber auch in einem gesonderten Unterrichtsfach das Wissen vermittelte, wie man mit Kindern turnt. Sie war früher Balletttänzerin am Theater gewesen und besaß auch im fortgeschrittenen Alter eine Beweglichkeit, die viele von uns jungen Menschen weit in den Schatten stellte.

Angela und ich heirateten. Bei der Hochzeitsfeier konnte ich nur meine Mutter mitbringen, aber ich lernte die Verwandtschaft von Angela kennen und auch die Besitzer des Heimes aus St. Peter feierten mit.

Das Appartement in Mettenhof war für eine Familie zu klein. Deshalb zogen wir in eine größere Wohnung am Belvedere. Diese lag im Dachgeschoss und aus den Fenstern hatten wir einen herrlichen Blick über die Kieler Förde. Im Garten konnten wir ein paar Beete mit Blumen nutzen und einem Stückchen Rasen, auf den man einen Kinderwagen in die Sonne stellen konnte.

Endlich kündigte sich an, dass unser Baby kommen sollte. Als es so weit war, brachte ich Angela in die Frauenklinik. Am Eingang wurde sie von einer Hebamme vereinnahmt, die mich gleich wieder nach Hause schickte. Es sei ja noch lange nicht so weit, ich solle morgen anrufen, aber nicht vor acht Uhr.

Eine lange Nacht wollte nicht vergehen und endlich war es acht Uhr. Ich rief an und eine Krankenschwester machte mir klar, dass es keinen Grund zur Aufregung gebe. Es sei ja noch lange nicht soweit, ich solle heute Abend noch einmal anrufen, aber nicht vor sechs Uhr. Nein, besuchen dürfe ich meine Frau nicht, sie liege im Kreissaal und da dürfe ich nicht hinein.

Endlich war es achtzehn Uhr und ich rief wieder an. Nun gratulierte mir eine Krankenschwester zur Geburt einer gesunden Tochter. Sie war früh am Morgen, um halb sechs, zur Welt gekommen. Meine Frau dürfe ich morgen besuchen, die Besuchszeit sei von vierzehn bis fünfzehn Uhr.

Eine zweite Nacht, die nicht enden wollte, ging schließlich doch zu Ende und mit einem Strauß Rosen in der Hand stürmte ich am Nachmittag die Klinik.

Meiner Frau ging es gut und sie erklärte mir, wie ich auch unsere Tochter sehen könne: Auf dem Flur gab es eine Tür mit einem Fensterausschnitt. Davor standen einige Männer mit Zetteln in der Hand, auf die sie ihre Namen geschrieben hatten. Ich schrieb meinen Namen auch auf einen Zettel und stellte mich an. Als ich dran war, hielt ich den Zettel an die Scheibe und die Schwester, die gerade dem Vater vor mir ein Kind gezeigt hatte, verschwand. Dann kam sie zurück und hielt kurze Zeit ein Bündel hoch, aus dem ein zerknautschtes, schlafendes Babygesicht zu sehen war. Ich zweifelte ein wenig, ob es nicht das gleiche Gesicht war, das bereits der Vater vor mir gezeigt bekommen hatte.

Als ich meine beiden Frauen aus der Klinik abholte, packte eine Schwester meine Tochter in die mitgebrachte Tragetasche und brachte uns bis ans Auto. Endlich, zu Hause, packte ich das Bündel aus der Tragetasche aus und durfte zum ersten Mal meine Tochter in den Arm nehmen.

Ich genoss das Leben mit einer Familie und schob stolz den Kinderwagen, wenn wir unterwegs waren. Die Freude wurde getrübt, weil Sandra immer wieder vor Schmerzen schrie. Wenn ich von der Schule nach Hause kam, hörte ich sie oft schon auf der Straße. Wir gingen mit ihr zu verschiedenen Ärzten, die Sandra zwar behandelten, wirklich helfen konnte ihr aber niemand. Sie hatte offene Wunden unter den Pampers, teilweise so groß wie ein Fünf-Mark-Stück. Angela ist gelernte Kinderpflegerin, ich hatte nie vorher die Pflege eines Kleinkindes mit erlebt. Das lernte ich aber schnell und wenn ich zu Hause war, wurde unsere Tochter regelmäßig versorgt. Ich sah keinen Anlass an der fachgerechten Pflege zu zweifeln.

Unseren ersten gemeinsamen Urlaub verbrachten wir mit unserem VW-Bus. Wir fuhren durch Deutschland an alle Orte, an denen ich seit 1954 gelebt hatte. Dabei besuchten wir auch Angelas frühere beste Freundin, die mit ihrem Mann und einer Tochter in Koblenz lebte. Der war Soldat bei der Bundeswehr und dort hin versetzt worden. Als wir wieder weiter gefahren waren, erzählte mir Angela von ihrer Zeit mit dieser Freundin. Die Jungen aus der kleinen Stadt, die sie auf Mopeds mitnahmen, waren für die beiden Freundinnen interessant. Sie sammelten Erfahrungen, bis die Freundin schwanger wurde. Die konnte nicht so genau sagen, wer denn der Vater sei und bestimmte den in sicheren Verhältnissen lebenden Soldaten zum Vater ihrer

Tochter. Der ahnte nichts davon, dass seine Tochter nicht von ihm sein könnte, heiratete die Mutter und war glücklich und zufrieden.

Eine Ausbildung zum Erzieher dauerte damals vier Jahre. Nach einem Jahr im Vorpraktikum besuchte man zwei Jahre die Schule. Nach bestandener Abschlussprüfung folgte ein Anerkennungsjahr und an dessen Ende ein Kolloquium. Wer das bestand, durfte sich "Erzieher (staatlich anerkannt)" nennen. Das Vorpraktikum brauchte ich nicht, da ich bereits Erfahrung im Beruf hatte. Das Anerkennungsjahr und Kolloquium konnten erlassen werden, wenn man vor der Schule bereits überdurchschnittliche Erfahrungen im Beruf erworben hatte und während der gesamten Schulzeit und in der Prüfung überdurchschnittliche Noten erreicht hatte. All das war der Fall und so bekam ich die Anerkennung als Erzieher direkt nach zwei Jahren Schulzeit.

Die Heimbesitzer in St. Peter wollten sich gerne von dem Alltagstrubel lösen und boten mir deshalb an, sie in ihrem Heim als stellvertretender Heimleiter zu unterstützen. Angela sollte ihre alte Stelle als Kinderpflegerin wieder einnehmen.

Damit war meine berufliche Zukunft sicher. Auch Angela freute sich sehr darauf, wieder nach St. Peter zu kommen und zog bereits einige Wochen vor meinen Abschlussprüfungen mit Sandra um.

Die Leiterin des Heimes entschied nun, was mit Sandra zu geschehen hatte. Sie bekam keine Wegwerfwindeln mehr an. Stattdessen war ein großer Stapel mit Stoffwindeln aufgetaucht, die sie nun ausschließlich getragen hat und die regelmäßig gewechselt wurden. Was mehrere Ärzte nicht geschafft hatten, trat nun fast von allein ein: Die Wunden verheilten, die Schmerzen verschwanden.

Die Prüfungen an der Schule bestand ich wie erhofft mit guten Noten. Eine Klassenkameradin und Freundin, Marthe, übernahm es, mir beim Packen unseres Hausrats zu helfen und so zog auch ich um und trat meine neue Aufgabe an.

Angela hatte sich inzwischen verändert. Regelmäßig ging sie abends mit Kolleginnen aus dem Heim in die Disco. Sandra konnte im Heim bleiben, es war immer eine diensthabende Kollegin da, die auch auf sie achtete.

Ich selbst hatte keine Lust, meine Zeit in Discos zu verbringen. Lag es daran, dass ich zehn Jahre älter bin als Angela? Lag es daran, dass ich bereits ahnte, dass sie nach einem anderen Partner suchte?

Als ich schließlich Gewissheit hatte, dass Angela mich mit einem anderen Mann betrog, reichte ich die Scheidung ein. Sie versprach Besserung, ich zog die Scheidung zurück. Es hatte sich nichts geändert, nun reichte sie die Scheidung ein, um frei zu sein.

Nach wenigen Monaten in St. Peter kündigte ich meine Stelle im Heim. Angela blieb mit Sandra dort, ich suchte für mich eine andere Arbeitsstelle. Damit kündigte ich auch die Planung meines, nein, unseres weiteren Lebens auf. Der jüngste Sohn der Heimbesitzer sollte eine pädagogische Ausbildung machen und erst noch Berufserfahrungen sammeln. Nach zehn Jahren sollte er das Heim dann von seinen Eltern übernehmen. Bis dahin hätten Angela und ich so viel Geld gespart, dass wir ein eigenes Heim gekauft oder eröffnet hätten. Ja, so hätte es werden können. Aber es kam anders. Zum letzten Mal verließ ich den Ort, an dem ich zum ersten Mal in meinem Leben verstanden hatte, was das Wort "Heimat" bedeutet.

Enuresis

Nun arbeitete ich in einem Kinderheim, in dem Kinder nicht für sechs Wochen eine schöne Zeit verleben konnten, sondern in einem Heim, in dem Kinder meist für viele Jahre leben sollten. Dieses Heim sollte ihnen die Familie ersetzen, in der sie nicht aufwachsen durften. Ein Kinderheim, das den Kindern auf den ersten Blick eine herrliche Umgebung bot, in der sie leben können.

Durch den Haupteingang kam man auf das Gelände zuerst an einen großen Teich, an dem zwei Wohnhäuser und ein kleines Verwaltungsgebäude lagen. Ging man durch das vorbildlich saubere Gelände einen bewaldeten Berg hinauf, entdeckte man weitere Wohnhäuser, die sich um eine Kirche gruppierten. In jedem dieser Häuser lebten bis zu 12 Kinder, die aus verschiedensten Gründen nicht bei ihren Eltern sein konnten. Sie wurden von jeweils drei Erziehern betreut, dazu gab es in jedem Haus eine Hauswirtschaftskraft und eine weitere Frau, die in der Nacht bei den Kindern war.

Ich war Gruppenleiter im Enuresishaus, dem einzigen Gebäude, in dem zwei Gruppen untergebracht waren. Enuresiskinder sind Bettnässer, die in diesem Haus mit heilpädagogischen Maßnahmen trocken werden sollten.

Das Haus war speziell für diesen Zweck gebaut worden. In jedem der Kinderzimmer standen zwei Betten, zwei Nachtschränkchen und zwei Stühle. In den Wänden gab es Steckanschlüsse für Strom, warmes und kaltes Wasser, Desinfektionsmittel und eine zentrale Staubsauganlage. Der

Fußboden war mit wasserfestem Teppichboden ausgelegt, in der Mitte des Zimmers befand sich ein Abfluss für das Wasser. Jeden Morgen wurden alle Betten komplett abgezogen, die Zimmer mit Wasser und Desinfektionsmitteln abgespritzt und mit dem Staubsauger wieder getrocknet.

Bettwäsche, Handtücher und die persönlichen Sachen der Kinder wurden in raumhohen Schränken auf dem Flur verwahrt. Damit die Kinder nichts durcheinander brachten, hatten nur die Erwachsenen Schlüssel für diese Schränke. In einem großen Wohnraum wurde gemeinsam gegessen, gespielt und Hausaufgaben gemacht. Alle Kinder besuchten Schulen in der Stadt.

Gegen das Bettnässen wurden die Kinder mit Tofranil behandelt, einem Medikament, das vor allem zur Behandlung depressiver Erkrankungen und bei chronischen Schmerzzuständen gegeben wird. Im Keller des Hauses befand sich ein Wassertretbecken. Durch das sollten die Kinder barfuss regelmäßig im Storchengang gehen. Scharfkantige Steinchen auf dem Boden und das kalte Wasser sollten nach Auskunft des Heimarztes dazu führen, dass sich die Kinder ihrer Krankheit bewusst und dadurch geheilt werden. Auf einem großen Steckbrett im Wohnraum wurde an jedem Tag ein farbiger Stöpsel für jedes Kind eingesteckt, rot oder grün, je nachdem ob das Kind eingenässt hatte oder nicht. Damit konnten Kinder und Erwachsene jederzeit für jedes Kind ablesen, wie erfolgreich die Therapie der Enuresis in diesem Monat bisher war.

Das Heim wurde als Christliches Kinderheim geführt. Es wurde geleitet von Pastor Schreiber, der sich von den

Mitarbeitern als "Direktor" und von den Kindern als "Onkel Schreiber" ansprechen ließ. Jeden Tag ging Herr Schreiber nach dem Abendessen durch alle Gruppen und begrüßte jeden Mitarbeiter und jedes einzelne Kind mit Handschlag. Dabei ging jedes Kind auf Onkel Schreiber zu und er sprach ein paar Worte mit ihm. Mich beeindruckte dies anfangs als ein Zeichen besonderer Nähe des Direktors zu den Kindern, bis eines Tages ein Junge neu auf meine Gruppe aufgenommen wurde. Dieser kannte bis dahin weder den Direktor noch das Ritual und saß auf dem Bett in seinem Zimmer, als Herr Schreiber abends kam. Nachdem alle Kinder ihn begrüßt hatten, fragte der Direktor nach dem neuen Jungen. An der Zimmertür blieb er stehen und rief den Jungen zu sich. Dann reichte er ihm die Hand und erklärte dem Jungen mit freundlicher Stimme, er sei Onkel Schreiber und er würde immer auf diese Weise begrüßt werden. Dabei presste er langsam zunehmend die Hand des Jungen in seiner zusammen, bis dem die Tränen in den Augen standen. Vom nächsten Abend an begrüßte der Junge den Direktor wie gefordert, aber meine Achtung vor diesem Mann hatte deutlich gelitten.

Jeden Sonntag besuchten alle Kinder mit den diensthabenden Erziehern den Gottesdienst in der heimeigenen Kirche. Den hielt Pastor Schreiber meist selbst. Er legte großen Wert darauf, dass in der Kirche passende Kleidung getragen wurde. Ein Mädchen aus einer anderen Gruppe hatte an einem Sonntag zum Gottesdienst eine lange Hose getragen. Für Mädchen waren aber Kleid oder Rock beim Gottesdienst vorgeschrieben. Dieses Vergehen wurde dann auch mit drei Tagen Besinnungszimmer geahndet.

Das Besinnungszimmer lag im Dachgeschoss eines der Häuser. Es war völlig mit Holz ausgekleidet, als Bett diente ein fest eingebauter Sockel, ebenfalls aus Holz. Darauf wurde eine Matratze gelegt. In einer Ecke befanden sich eine Toilette und ein Waschbecken. Über dem eigentlichen Dachfenster war eine Plexiglasscheibe so angebracht, dass das Fenster sich nur einen wenige Zentimeter breiten Spalt öffnen lies. Ein Erwachsener brachte Essen und Schulsachen vorbei, sonst war das Kind mit sich selbst allein. Es sollte sich ja in diesem Raum besinnen.

Auch in den Gruppenhäusern waren alle Fenster, auf den ersten Blick nicht wahrnehmbar, aber letztlich doch vergittert. Die Fenster ließen sich nicht wie üblich öffnen, sondern nur um ihre mittlere Achse waagerecht schwenken. Außen waren dekorative und dezente Eisen so angebracht, dass die Fenster sich nur wenige Zentimeter öffnen ließen. So wurde sichergestellt, dass die Zimmer belüftet werden, aber keine Kinder durch die Fenster klettern konnten. So wurde ausgeschlossen, dass Kinder bei abgeschlossener Haustür weglaufen konnten.

In meiner Gruppe habe ich wiederholt erlebt, wie Kinder völlig außer Kontrolle geraten können. Aus einem scheinbar nichtigen Anlass konnte ein Kind zu toben beginnen. In diesem Zustand, den man treffend als Raserei bezeichnen kann, hatte das Kind keine Kontrolle mehr über sich und die Erwachsenen keine Kontrolle über das Kind. Es schlug, trat, biss, spuckte und kratzte völlig halt- und ziellos um sich und spürte offensichtlich selbst dann keine Schmerzen, wenn es sich dabei selbst verletzte. Dieses Kind wurde meist in sein Zimmer verbracht und eingeschlossen, bis es sich wieder beruhigt hatte. Ich kam aber auch dazu, als drei Erwachsene gemeinsam ein Kind von elf Jahren auf dem Boden festhielten und damit erfolglos versuchten, dieses unter Kontrolle zu bekommen. Als der Heimarzt bemängelte, dass die eingeschlossenen Kinder nicht mehr unter Kontrolle der Erwachsenen waren, wurden kleine Fenster mit bruchsicherem Sicherheitsglas in die Türen eingebaut. Das Sicherheitsglas war notwendig geworden, nachdem einer der Jungen eine Scheibe mit den Händen eingeschlagen und sich dabei verletzt hatte. Da ich der körperlich stärkste Erwachsene war, konnte ich in solchen Situationen bald anders mit den Kindern umgehen. Ich lief mit ausgestreckten Armen in das Kind hinein, zog es an meinen Körper und hob es vom Boden hoch. Ein anderer Erwachsener musste sofort meine Brille an sich nehmen und dem Kind die Schuhe ausziehen, um meine eigenen Beine vor den Tritten des Kindes zu schützen. Nun presste ich das Kind an mich und setzte mich auf den nächsten Stuhl. Ich konnte nun nur noch warten, bis das Kind aufhörte zu toben. Das dauerte meist rund fünf Minuten, fünf endlos lange, anstrengende Minuten. Dann konnte ich spüren, wie der Körper des Kindes immer weicher wurde und die Anspannung langsam aus dem Körper wich. Schließlich hatte ich ein weinendes Kind in den Armen, das nun wieder ganz normal ansprechbar war, und löste langsam auch meinen festen Griff. Der Heimarzt bezweifelte, dass es einen Zusammenhang zwischen der Gabe von Tofranil und diesen außer Kontrolle geratenden Kindern gab. Ich selbst bin bis heute davon überzeugt, dass dieses Medikament die Ursache für die Dramen war, die ich an anderen Orten niemals wieder in dieser Weise erlebt habe.

Als ich dieses Heim nach einem Jahr wieder verließ, bekam ich schwere Vorhaltungen gemacht. Mir wurde vorgeworfen, ich hätte meine Verantwortung gegenüber den Kindern verletzt, weil diese auf kontinuierliche Bezugspersonen angewiesen seien und ich den Kindern durch den anstehenden Wechsel der Bezugsperson Schaden zufügen würde. Das war grundsätzlich sicherlich richtig. Ich selbst habe mir aber unter der Erziehung von Kindern etwas anderes vorgestellt, als ich es hier erlebt hatte. Ich konnte mir nicht vorstellen, auf diese Weise auf Dauer zu arbeiten und zog daraus die Konsequenzen.

Während dieses Jahres hatte ich noch gehofft, meine Ehe zu retten. Wenn ich frei hatte, holte ich Sandra zu mir oder ich besuchte sie in St. Peter. Zu einem Personalfest, das die Heimleitung für die Mitarbeiter und deren Ehepartner gab, kam auch Angela. Ich hatte die Hoffnung, dass wir eine Familie bleiben würden. Letztendlich hatte sie sich aber für ihren neuen Freund entschieden. Unsere Ehe wurde geschieden.

Eine Kollegin war von einer anderen Gruppe auf meine Gruppe versetzt worden. Maren feierte am gleichen Tag Geburtstag wie ich und an diesem Tag hatten wir beide Dienst. Den feierten wir mit den Kindern und zwei Geburtstagstorten, weil jeder von uns eine zum Dienst mitgebracht hatte. Für die Kinder war das etwas ganz Besonderes. Die Kollegin war auch etwas Besonderes und ich hoffte, mit ihr zusammen zu bleiben, auch wenn ich in diesem Heim nicht weiter arbeiten würde.

Chattengau

In einer großen überregionalen Wochenzeitung entdeckte ich das interessante Stellenangebot eines Kinderheimes in Nordhessen. Als ich mich vorstellte, servierte mir Frau Stölzner eine Tasse Kaffee und dann zeigten und beschrieben der Heimleiter sowie einer der Söhne der Inhaberin die Einrichtung und deren pädagogisches Konzept. In vier Gruppen lebten fast 50 Kinder in alters- und geschlechtsgemischten Gruppen. Sie wurden von jeweils drei Erziehern betreut, dazu kam noch hauswirtschaftliches Personal. Das Heim lag in einem kleinen Dorf direkt an einem bewaldeten Berg in einer schönen Landschaft. Die Kinder besuchten Schulen in der nächsten Stadt, die sie mit dem Schulbus erreichten. Das Haus und die Menschen gefielen mir und so wurde ich Gruppenleiter in diesem Heim im Chattengau.

Eine Besonderheit des Hauses war, dass alle größeren Kinder Teile ihrer Freizeit als Pfadfinder verbrachten. Im Heim gab es eine eigene Pfadfindergruppe, die Angebote wie bei allen anderen Pfadfindern machte. Es wurde gespielt, gesungen, Pflanzen und Tiere bestimmt, und bei Wanderungen und Geländespielen geübt, wie man sich in der Natur zurechtfindet. Ich legte mir auch eine richtige Pfadfinderuniform zu und war nun nebenbei zum Pfadfinderhäuptling geworden. Besonders beliebt waren bei den Kindern die Zeltlager an den Wochenenden und in den Ferien, bei denen wir das Pfadfinderleben ausgiebig genossen.

Abschied

Maren und ich verbrachten unsere freien Tage trotz der Entfernung zwischen Schleswig-Holstein und Hessen häufig miteinander und bald darauf arbeitete sie auch in diesem Kinderheim. Wir nahmen uns gemeinsam eine Wohnung und lebten glücklich und zufrieden im Chattengau. An unseren freien Tagen besuchten wir Sandra in St. Peter oder holten sie nach Nordhessen ab, wo wir gemeinsam eine herrliche Zeit hatten.

Ich war inzwischen sicher, dass Sandras Wunden in der Zeit in Kiel darauf zurückzuführen waren, dass Angela dieses Kind nicht wirklich gewollt hatte. Deshalb hatte sie es, wenn ich nicht zu Hause war, nicht ausreichend versorgt. Ich war davon überzeugt, dass Sandra besser bei mir aufwachsen würde. Ich stellte beim Gericht den Antrag, das Sorgerecht für Sandra zu bekommen. Die Jugendämter in Husum und in Homberg gaben jeweils eine Stellungnahme ab und kamen zu der Erkenntnis, dass beide Elternteile geeignet seien, Sandra aufzuziehen. Der Richter erklärte jedoch darauf hin, dass ein Kind im Vorschulalter grundsätzlich zur Mutter gehöre. Die Pflegemängel seine ja inzwischen nicht mehr erkennbar und so bekam Angela das alleinige Sorgerecht für unsere Tochter.

Nach meiner Scheidung hatte der Familienrichter entschieden, dass ich sechs Stunden im Monat Vater für

Sandra sein durfte. Am ersten Wochenende im Monat konnte ich meine Tochter am Samstag um 15 Uhr bei Angela abholen und drei Stunden mit ihr verbringen. Dann musste ich sie zu ihrer Mutter zurückbringen. Am darauf folgenden Sonntag sah ich Sandra noch einmal von 9 Uhr bis 12 Uhr. Zwei mal nach jeweils drei Stunden hatte ich meine Tochter bei ihrer Mutter abgeliefert. Dabei hatte ich sie in das Kinderheim gebracht, in dem ich mich so wohl gefühlt hatte und mit dem ich so viele Träume für die gemeinsame Zukunft mit Angela und Sandra geträumt hatte. Das alles war vorbei und mich daran immer wieder zu erinnern, tat unendlich weh. Nach einigen Monaten entschloss ich mich dazu, Sandra nicht mehr zu besuchen.

Eines Tages bekam ich Post von einem Richter des Amtsgerichts Husum. Er teilte mir mit, dass der neue Ehemann Angelas Sandra adoptieren wolle. Eine fertige Erklärung lag bei, in der ich meine Zustimmung zur Adoption erklärte. Ich brauchte nur noch das Datum und meine Unterschrift darunter zu setzen und sie zurück zu schicken.

Während der Scheidung hatte meine Mutter mich aufgefordert, darüber nachzudenken, ob Sandra denn auch wirklich meine Tochter sei. Sie hatte wirklich begründete Bedenken. Ich wollte aber gar nicht darüber nachdenken, denn es hätte ja gegebenenfalls bedeutet, dass ich meine Tochter verlieren würde.

Nach der Scheidung hatte ich Post von Angelas Rechtsanwalt mit der Aufforderung bekommen, Unterhalt für Sandra an Angela zu bezahlen. Ich hatte ihm geantwortet, das würde ich selbstverständlich tun, wenn ich mir sicher sei, dass Sandra wirklich meine Tochter ist. Ich bestehe deshalb zuerst auf einem Vaterschaftstest, um mir sicher zu sein. Daraufhin hörte ich niemals mehr von diesem Rechtsanwalt und Angela wiederholte die Unterhaltsforderung auch nie mehr.

Ich war mir nicht sicher, ob Sandra wirklich meine Tochter ist, unterschrieb die Zustimmung zur Adoption und schickte sie nach Husum.

In den nächsten sieben Jahren sprach ich mit keinem Menschen mehr darüber, dass ich einmal verheiratet gewesen war und Vater einer Tochter bin. Aber mein Versuch, Sandra aus meiner Erinnerung zu streichen, gelang nicht. Jedes Mal, wenn ich ein Mädchen mit gelockten roten Haaren sah, musste ich genau hinsehen. Immer wieder hoffte ich, Sandra wieder zu erkennen, immer wieder war ich enttäuscht, wenn ich erkannte, dass dieses Mädchen doch nicht Sandra war.

Ich heiratete Maren und wir bekamen einen Sohn. Maren war sich wohl sicher, dass ich Sandra vergessen hatte, weil wir ja nicht mehr über sie gesprochen hatten. Meine Erinnerungen an das Mädchen mit den roten Haaren ließen sich aber nicht aus meinen Gedanken löschen.

Chattengau II

Aber zurück zu dem Kinderheim im Chattengau.
Ich erfuhr nach und nach von anderen Mitarbeitern, aber auch von Menschen aus dem Dorf mehr über die Geschichte des Heimes, in dem ich nun arbeitete: Die Gründer des Heimes waren "mit zwei Mark in der Tasche" aus der DDR in den Westen gekommen. Herr Stölzner war Arzt und Geburtshelfer und eröffnete eine Arztpraxis.
Es gab zu dieser Zeit noch keine Pille zur Verhütung von Schwangerschaften, Abtreibungen waren nicht selbstverständlich. Als ledige Frau ein Kind zu bekommen, war gesellschaftlich verurteilt. Deshalb kam es immer wieder vor, dass Töchter aus wohlsituierten Familien "geholfen" werden musste. Das geschah nun in diesem Haus. Die Töchter zogen ein und durften bis zur Niederkunft nähen, kochen und putzen. Bei ihnen zuhause wurde erzählt, sie würden eine Schule in Amerika besuchen. Tatsächlich kamen auch regelmäßig von den Töchtern geschriebene Ansichtskarten aus Amerika bei Freunden und Nachbarn an, um dies zu belegen. Nach der Entbindung kehrten die Töchter wieder in ihre Familien zurück, die Neugeborenen kamen in Heime oder wurden adoptiert. Eine Dorfbewohnerin berichtete, dass einmal sogar ein Hubschrauber mit reichen Amerikanern auf der Wiese neben dem Heim gelandet sei. Auf dem Wohnzimmertisch habe ein großer Geldbetrag die Besitzer gewechselt und die Amerikaner seien mit einem neu geborenen Kind davon geflogen.

Mit der Pille ließ der Bedarf nach diskreten Entbindungen nach und so kamen ein paar Jahre lang Kurkinder an die gesunde nordhessische Luft. Nach dem Tod des Arztes wurde das Haus zu einem Heim, in dem Kinder auf Dauer aufgenommen wurden, die nicht in ihren Familien leben konnten.

Die Besitzerin des Heimes hatte keine pädagogische Ausbildung. Deshalb war ein Heimleiter mit der entsprechenden Qualifikation angestellt. Frau Stölzner, die weiter auf dem Grundstück lebte, hielt aber dennoch ihre straffe Hand über allem. Das letzte Wort in allem, was ihr bekannt wurde, hatte sie und dazu gehörte auch, dass sie ihre Ansichten durchsetzte. Da konnte es auch vorkommen, dass sie ein Mädchen mit einer Gymnastikkeule in der Hand quer durch das ganze Heim jagte, bis dem Mädchen endlich die Flucht vor ihr gelang.

Die Zusammenarbeit zwischen Frau Stölzner und dem Heimleiter war nicht unbedingt vertrauensvoll. Die Anspannung zwischen den beiden entlud sich offen, als bekannt wurde, dass der Heimleiter ein Verhältnis mit einer minderjährigen Praktikantin hatte. Nun drohten sich Frau Stölzner und der Heimleiter gegenseitig mit durchaus stichhaltigen Anzeigen. Irgendwie rutschte ich in die Rolle des Schlichters und es gelang mir, zwischen den beiden Streithähnen zu vermitteln. Was hätte es gebracht, wenn alle beide vom Gericht verurteilt worden wären? Also wurde das Arbeitsverhältnis des Heimleiters "im beiderseitigen Einvernehmen" und ohne Strafanzeigen aufgelöst. Nun brauchte aber das Heim eine neue Leitung und es kam zu dem Konstrukt, dass die vier Gruppenleiter zu einem Heimleitungsteam wurden. So wurde ich zu einem Viertel Heimleiter dieser Einrichtung.

Mir war inzwischen klar, das konnte nicht lange gut gehen. Jedes Jahr von Ostern an durften die Jungen keine langen Hosen mehr tragen. Damit wollte Frau Stölzner erreichen, dass die Frauen in der Waschküche weniger Arbeit mit dem Waschen und Bügeln der langen Hosen hatten. Es war aber in diesem Jahr zu Ostern besonders kalt und so erlaubte ich trotzdem den Jungen, die langen Hosen anzuziehen, als sie nach den Osterferien in die Schule gingen. Frau Stölzner sah die Kinder auf dem Weg zum Schulbus. Sie stand auf ihrem Balkon und lautstark zitierte sie die Jungen zurück ins Heim, wo sie sich umziehen mussten.

Von da an war die Stimmung zwischen der Heimbesitzerin und mir deutlich angespannt.

In meiner Gruppe lebten mehrere Geschwister aus einer Familie und eines Tages wies das Jugendamt noch die zwei jüngsten Geschwister bei uns ein. Die gingen noch nicht zur Schule und hatten bis dahin bei den Eltern gelebt. Ich stellte fest, dass beide Krätze hatten.

Ich bat Frau Stölzner, die notwendigen Medikamente zur Behandlung zu besorgen. Das verweigerte sie aber und belegte zudem alle Mitarbeiter des Heimes mit einer Schweigepflicht. Krätze im Heim würde den Ruf des Hauses schädigen, also sollten Arzt, Apotheker und Schulen hiervon nichts erfahren. Statt dessen gab uns die Arztwitwe eine undefinierbare Salbe, mit der wir die Kinder einschmieren sollten. Ein Kind nach dem anderen auf meiner Gruppe steckte sich mit Krätze an.

Inzwischen hatte eine der Küchenfrauen erzählt, dass ihr Mann in der Kriegsgefangenschaft auch Krätze gehabt hätte. Da es in Sibirien keine Medikamente gab, hätten die

Gefangenen Birkenrinde gekocht und mit dem Sud die Krätze behandelt. Nun schickte Frau Stölzner die Kinder in den Wald, wo sie den Birken ihre Rinde abschälen mussten. Diese wurde gekocht und in dem verdünnten Sud wurden die Kinder gebadet. Auch die Kinder der anderen Wohngruppen bekamen nach und nach Krätze.

Inzwischen hatte sich das Krankheitsbild bei den beiden kleinen Kindern, die Krätze ins Haus gebracht hatten, so verschlechtert, dass ich mit ihnen in die Hautklinik nach Kassel fuhr. Der Arzt nahm beide sofort stationär auf.

Nun war die Stimmung zwischen Frau Stölzner und mir endgültig auf einem Tiefpunkt und ich suchte mir eine neue Arbeit.

Maren war inzwischen schwanger und hätte bei einer Kündigung wohl keine andere Arbeitsstelle gefunden. Deshalb blieb sie bis zum Beginn des Mutterschutzes in diesem Heim.

Sauerland

Wer einmal eine Stelle als Arbeitnehmer gesucht hat, also fast jeder, kennt die Gepflogenheiten: Arbeitnehmer haben sich unter Offenlegung ihrer Vergangenheit beim Arbeitgeber zu bewerben. Das hat vor allem durch Vorlage des Lebenslaufs und der Zeugnisse zu geschehen, damit sich der potentielle Arbeitgeber ein Bild von seinem zukünftigen Arbeitnehmer machen kann.

Welchem Arbeitnehmer wird aber offen gelegt, welche berufliche oder persönliche Vergangenheit ein Arbeitgeber hat?

Nach meinen Erfahrungen im Sauerland bin ich ernsthaft der Ansicht, dass auch ein Arbeitgeber seine Qualifikation und seine berufliche Vergangenheit offen legen sollte:

Das Heim, in dem ich nun arbeitete, lag in einem Wintersportort im Sauerland. Es wurde von einem Mann geleitet, dessen Frau die Mädchengruppe im Haus führte. Weiter arbeiteten dort ein Erzieher und ein Psychologe, der ebenfalls als Erzieher tätig war. Ich verstärkte jetzt das pädagogische Personal.

Daneben gab es einen Hausmeister, der auch als Chauffeur des Heimleiters tätig war, und Frauen, die kochten und putzten. Das Heimleiterpaar hatte das Gebäude gemietet, um ein Kinderheim zu betreiben.

Nach einiger Zeit erfuhr ich, dass der Heimleiter gelernter Werkzeugmacher war und seine Frau als Gymnastiklehrerin gearbeitet hatte. Beide hatten keine pädagogische Ausbildung. Der Erzieher war ein früherer Soldat, der seine pädagogischen Erfahrungen in der Ausbildung vor Rekruten gesammelt hatte. Bei einem Besuch des Landesjugendamtes als der zuständigen Aufsichtsbehörde wunderte sich der Psychologe, weil er vom Heimleiter als der pädagogische Leiter der Einrichtung vorgestellt wurde. Bis dahin hatte er noch nicht gewusst, welch wichtige Position er im Heim inne hatte.

Der Heimleiter und der Soldat berichteten im Männerkreis gerne von ihren regelmäßigen Besuchen in Bordellen. Genüsslich erzählte der Heimleiter auch davon, wie er einen im Ort wohnenden Polizisten an der Nase herumgeführt hätte, weil dieser daran schuld sei, dass man ihm den Führerschein abgenommen hatte.

Diesen Polizisten lernte ich dann auch bald kennen, weil er mich über die Vorgänge im Heim befragte. Nun erfuhr ich, dass der Heimleiter wiederholt nachts betrunken von seiner Stammkneipe zum Heim gefahren war. Nachdem er deshalb den Führerschein bereits verloren hatte, stellte dieser Polizist ihn erneut in betrunkenem Zustand am Steuer auf dem Heimweg von der Kneipe. Darauf reagierte der Heimleiter mit einer Dienstaufsichtsbeschwerde, weil der Polizist ihm angeblich unzulässig aufgelauert habe. Er habe mit dem Streifenwagen "stundenlang" auf meinen Chef an dessen Heimweg gewartet und war ihm dann bis vor die Haustür gefolgt.

Der Polizist war daraufhin nicht unbedingt gut auf meinen Chef zu sprechen und suchte nach Missetaten, die mein Heimleiter begangen hatte. Die fand er auch mit dessen illegalem Handel mit Butter. Damals wurde vom Staat

Butter in großen Mengen eingelagert, die regelmäßig in den Kühlhäusern ausgetauscht wurde. Diese Kühlhausbutter wurde sehr billig an Krankenhäuser und Heime in 25kg-Würfeln abgegeben. Der Weiterverkauf dieser Butter war verboten. Das war groß auf der Verpackung aufgedruckt und darüber wachte der Zoll. Mein Chef hatte jedoch größere Mengen dieser Butter für das Heim bezogen und dann an verschiedene Leute gewinnbringend verkauft. Der Polizist wollte nun von mir wissen, wer alles diese Butter bekommen hatte.

Eines Morgens, die Schüler waren bereits auf dem Weg in die Schule, fuhren mehrere Streifenwagen und zivile Autos auf das Gelände. Uniformierte Polizisten mit Maschinenpistolen im Arm umstellten kinoreif das Heim und dann durchsuchten Polizisten und Mitarbeiter von Zoll und Finanzamt das Haus. Die Frau des Heimleiters musste sich im Streifenwagen auf den Campingplatz fahren lassen, weil selbst der Wohnwagen der Familie durchsucht wurde. Als die Schüler mittags wieder ins Heim kamen, waren alle Autos mit Kartons voller Akten wieder abgefahren.

Natürlich erfuhr der Heimleiter davon, dass ich mit diesem Polizisten gesprochen hatte und ich suchte mir wieder eine neue Arbeitsstelle.

Sauerland II

Die nächste Aufgabe fand ich ebenfalls im Sauerland, in einem winzigen Dorf, das ebenfalls zu einem bekannten Wintersportort im Sauerland gehörte. Dort gab es ein Haus, die auf den ersten Blick gar nicht den Eindruck eines Kinderheims machte.

Geleitet wurde das Heim von einer Frau, Irmgard, deren ganzer Lebensinhalt dieses Heim und die dort lebenden Kinder waren. Viele Jahren zuvor hatte sie ein Haus gemietet und die ersten Kinder aufgenommen, die sie zusammen mit einer Hauswirtschaftskraft betreute. Inzwischen lebten in einem größeren Haus zehn Kinder und neben Irmgard wurden diese von einer Erzieherin und einer Anerkennungspraktikantin betreut. Zum Kochen, Waschen und Putzen kamen noch zwei Frauen aus dem Dorf stundenweise dazu und nun auch ich als einziger Mann.

Es war die Zeit, in der die RAF dem Staat den Krieg erklärt hatte. Das bekamen Maren und ich auf einer kleinen Landstraße zu spüren: Wir wohnten noch in der Wohnung an dem vorherigen Arbeitsort und Maren hatte mich mit dem Auto abgeholt. Irmgard, die Heimleiterin, hatte ihre Mitarbeiter noch zu einem geselligen Zusammensein eingeladen und nun waren wir auf dem Heimweg durch die stockdunkle Nacht. Da nervte mich der Autofahrer hinter mir, der immer wieder sehr dicht auf unser Auto auffuhr

und trotz der engen Kurven zu überholen versuchte. Als wir an eine längere gerade Strecke kamen, fuhr ich langsamer, um den anderen überholen zu lassen. Das tat er auch und nun kam eine Kelle aus dem Fenster des Beifahrers, die uns zum Anhalten aufforderte. Mit deutlichem Abstand zu uns blieb das Polizeiauto stehen, der Beifahrer stieg aus und hielt eine Maschinenpistole in unsere Richtung. Dann erst stieg der Fahrer aus und kam, ebenfalls eine Maschinenpistole im Anschlag, zu uns. Hinter unserem Auto baute er sich auf, um alles zu sichern, und nun kam der Beifahrer zu mir ans Fenster. "Personenkontrolle, bitte ihre Ausweise und die Fahrzeugpapiere. Von wo kommen Sie, wo wollen sie hin? Haben Sie Alkohol getrunken?"
Ich erklärte, dass ich auf dem Weg von der Arbeit nach Hause sei. Wir hätten noch eine Dienstbesprechung gehabt und da hätte die Chefin ein Glas Rotwein ausgegeben. Nach gründlicher Prüfung der Papiere durften wir weiterfahren und ließen die Polizisten im Dunkel hinter uns zurück. Wir hatten natürlich aus den Medien von der RAF und deren Gefährlichkeit erfahren, aber erst nach diesem Erlebnis war uns wirklich bewusst, wie gefährlich die Zeit damals war.

Am Ortsausgang lag ein Häuschen, in dem Irmgard ihre private Wohnung hatte. In der schlief sie an zwei Nächten in der Woche. Dann übernachteten eine Kollegin oder ich im "Dienstzimmer", das sonst Irmgard im Heim bewohnte. Meine Arbeitszeit war, wie die der Kolleginnen auch, regelmäßig von 12.00 Uhr bis 20.00 Uhr. In der übrigen Zeit managte Irmgard den Alltag im Heim.

Ich hatte inzwischen Maren geheiratet und sie war

schwanger. Wir zogen in die obere Wohnung des 100 Meter entfernten Häuschens, in dem auch Irmgard wohnte.

Es war Ende der 70er Jahre, als ich mit meiner Frau in das Behandlungszimmer des Frauenarztes ging. Ich erklärte ihm, dass ich bei der Geburt meines Kindes dabei sein wollte. Zu dieser Zeit war das noch ein äußerst ungewöhnlicher Wunsch. Prompt lehnte der Frauenarzt schroff ab. Was ich da denn eigentlich wolle? Schließlich sei ich ja auch nicht dabei, wenn mein Auto in der Werkstatt repariert würde. Erstens ist das falsch, ich weiß gerne, was an meinem Auto kaputt ist und wie man es repariert. Zweitens ist eine Autoreparatur ja wohl etwas anderes als eine Geburt, vor allem des eigenen Kindes. Meine Frau hatte also den falschen Arzt. Folglich suchten wir den richtigen und fanden ihn in einer Privatklinik, 75 km von unserem Wohnort entfernt. Als die Wehen einsetzten, schneite es dicke Flocken und im Schneetreiben fuhren wir in die Klinik. Ich war die ganze Zeit bei Maren und erlebte die Geburt unseres ältesten Sohnes mit ihr. Allerdings hatte ich nicht gewusst, dass der Arzt etwas erfunden hatte, um den Frauen die Geburt zu erleichtern. Er schob eine endlos lange Kanüle in meine Frau hinein, um ein schmerzlinderndes Mittel direkt an der Wirbelsäule zu injizieren. Ich fragte mich, wie er eigentlich sicher sein konnte, damit nicht das Baby zu durchbohren und dabei wurde mir schwarz vor den Augen. Als ich wieder zu mir kam, wurde gerade ein Fotoapparat gebracht, um das Drama zu dokumentieren und ich bekam eine Tasse Kaffee. Ohne weitere Zwischenfälle wurde mein ältester Sohn Sönke geboren. Ich durfte ihn unmittelbar nach der Geburt in den Arm nehmen und dieses Glücksgefühl werde ich nie mehr vergessen.

Später arbeitete auch Maren im Kinderheim mit. Sönke konnten wir zur Arbeit mitnehmen, mit den Kolleginnen hatten wir einen freundschaftlichen Umgang. Es ging uns gut.

Auch Irmgard ging es gut. Zumindest schien es so. Obwohl, war es wirklich so selbstverständlich, dass sie mit dem Leiter des benachbarten Naturfreundehauses in den Skiurlaub fuhr, während dessen Frau den Betrieb im Haus aufrecht hielt? War es wirklich nur eine nachbarschaftliche Freundschaft zwischen den beiden? Ja, das schien der Fall zu sein.

War es wirklich so selbstverständlich, dass Irmgard mir und jedem anderen im Laufe des Tages immer wieder einen Weinbrand anbot und sich selbst auch zwischendurch einen einschenkte? Dass sie jeden Tag mindestens eine neue Flasche im Büro aufmachte? Ich habe Irmgard niemals offensichtlich betrunken erlebt. Aber ich begriff, dass ein Mensch, der 24 Stunden am Tag, 365 Tage im Jahr nur für das Heim und die Kinder da war, auch ein sehr einsamer Mensch sein konnte.

Irgendwann wurde Irmgard selbst klar, dass sie eine Entziehungskur machen musste. Sie erwartete, dass wir, ihre Mitarbeiter, das Heim in dieser Zeit weiter betreiben sollten. Ich sollte als ihr verlängerter Arm die Leitung wahrnehmen, allerdings zu den bisherigen Konditionen. Ich wäre zwar bereit gewesen, mit Maren zusammen das Heim zu übernehmen. Aber ich war nicht bereit, die verantwortliche Leitung zu übernehmen, ohne eine entsprechende Bezahlung dafür zu bekommen.

Ich war wieder auf der Suche nach einer neuen

Arbeitsstelle. Maren zog mit Sönke nach Kiel. In einem 8-Familien-Haus, das Marens Großmutter gehörte, wohnten auch ihre Eltern und auf der gleichen Etage die Oma. In der Wohnung von Oma wohnten nun auch Maren und Sönke.

Solz

Meine Muttsch hatte seit den Jahren in Frankfurt in mehreren Krankenhäusern in Nord- und Westdeutschland gearbeitet und war inzwischen so schwer an Rheuma erkrankt, dass sie nicht mehr arbeiten konnte. Nun erfüllte sie sich einen Traum, den sie schon lange gehegt hatte: Sie kaufte sich ein Haus. Ein Bausparvertrag war zuteilungsreif und nun suchte sie ein Haus, das sie mit diesem Betrag bezahlen konnte. Im Zonenrandgebiet standen viele Häuser leer und so fand sie zu diesem Preis ein Haus in Solz, einem Ortsteil von Bebra. Es war ein Fachwerkhaus mit angebauter Scheune, in dem seit 1736 Bauern gelebt und gewirtschaftet hatten.

Ich zog zu ihr und fand eine neue Arbeitsstelle 60 km entfernt in Wabern. Im Jugendheim Karlshof waren über 100 Jugendliche, Jungen und Mädchen, im Rahmen der Fürsorgeerziehung und der Freiwilligen Erziehungshilfe untergebracht. Einige besuchten eine Schule, die meisten wurden in den heimeigenen Werkstätten auf einen Beruf vorbereitet oder machten eine Lehre.

Die wichtigste Frage an den Heimleiter war beim Vorstellungsgespräch die, wie viele Mitarbeiter im letzten Jahr im Heim gewechselt hatten. Es war lediglich eine Frau, die wegen einer Schwangerschaft aufgehört hatte zu arbeiten. Das schien mir eine gute Voraussetzung dafür, endlich einmal länger an einem Ort zu bleiben. Deshalb hatte ich mich für den Karlshof entschieden.

Ich fuhr jeden Tag mit dem Auto 60 km zur Arbeit und

wieder nach Hause. Nach einem Jahr war ich mir sicher, dass ich länger im Karlshof bleiben würde und zog doch nach Wabern um.

Maren hatte in Kiel Arbeit in einem Kindergarten gefunden. Sie fühlte sich wohl und wäre gern in Kiel geblieben. Sie verbrachte viel Zeit mit einer Freundin, die sie noch aus ihrer Zeit an der Fachschule kannte, und den beiden Männern, mit denen die Freundin in einer Wohngemeinschaft lebte. An meinen freien Tagen pendelte ich nach Kiel, um mit Maren und Sönke zusammen zu sein. Ich wollte aber nach einem Jahr nicht wieder eine neue Arbeitsstelle suchen und deshalb nicht nach Kiel ziehen. Dann bekam ich ein kleines Siedlungshäuschen als Dienstwohnung in Wabern angeboten, dessen Miete sehr günstig war. Maren und Sönke zogen wieder zu mir und wir alle zusammen in das Häuschen in Wabern.

Karlshof

Im Karlshof lebten rund 120 jugendliche Jungen und Mädchen. Dazu kamen weitere aus der Region tagsüber in die Werkstätten des Heimes. Ich arbeitete auf einer Gruppe mit 12 Jungen, die auf einen Beruf vorbereitet wurden oder einen Beruf erlernten. Diese waren im Rahmen der Fürsorgeerziehung oder der Freiwilligen Erziehungshilfe in das Heim gekommen. Fürsorgeerziehung wurde von einem Gericht angeordnet, wenn ein Jugendlicher "verwahrlost war oder zu verwahrlosen drohte". Bei Freiwilliger Erziehungshilfe hatten die Eltern der Unterbringung in einem Heim zugestimmt. Oftmals waren die Jungen bereits straffällig geworden und nun hatten wir als Erzieher die Aufgabe, diese Jungen so zu erziehen, dass sie später ein möglichst normales Leben führen konnten. Dabei war mir durchaus bewusst, dass ein 15-jähriger oder noch älterer Jugendlicher die Grundlagen der Erziehung bereits gelegt bekommen hatte. Oftmals ging es nur darum, wie bei einer Dressur den Jungen Verhaltensweisen beizubringen, die für andere Gleichaltrige selbstverständlich waren. Dies begann mit morgendlichem Aufstehen, Waschen und Zähne putzen, Ordnung und Pünktlichkeit, regelmäßigen Mahlzeiten, Teilnahme an Schulunterricht oder Ausbildung und all den anderen Dingen, die man unter dem Begriff Erziehung als selbstverständlich annimmt.

Der Karlshof war ehemals ein Jagdschloss, das ein Landgraf sich und seiner Gattin zur Reiherbeize erbaut hatte. Seit fast 100 Jahren diente das Anwesen der

Erziehung junger Menschen, früher als preußische Landeserziehungsanstalt, nun als Fürsorgeerziehungsheim. Auf dem Gelände waren weitere Gebäude entstanden, in denen unterschiedliche Werkstätten angesiedelt waren. Es gab eine Schreinerei, Schlosserei, Gärtnerei, Maler-, Klempner-, Maurer- und Schusterwerkstatt. Die Mädchen wurden vor allem in Küche, Hauswirtschaft und Schneiderei beschäftigt.

Im Dorf befand sich damals ein zum Karlshof gehörender Gutshof, in dem Schweine gezüchtet und gemästet wurden. Zum Gutshof gehörten umfangreiche Felder, auf denen Getreide, Kohl und Zuckerrüben angebaut wurden. In den Werkstätten und auf dem Gutshof arbeiteten die Jugendlichen oder erlernten einen Beruf.

Insgesamt blieb ich bis zur Rente 25 Jahre im Karlshof, der sich in dieser Zeit deutlich veränderte. Aus dem Fürsorgeerziehungsheim wurde ein Jugendheim moderner Art, zu dem auch externe Wohngruppen in Häusern und Wohnungen in benachbarten Orten gehörten. Alle Mahlzeiten wurden in den ersten Jahren im großen Speisesaal zu festen Zeiten eingenommen. Dabei wurde abgezählt, wie viele Scheiben Wurst oder Käse jeder bekam. Später holten wir die Lebensmittel aus der Großküche ab und die Jugendlichen bekamen Frühstück und Abendessen auf den Wohngruppen. Schließlich kauften wir Lebensmittel für die Gruppen beim Discounter und im Supermarkt ein und es kamen die Sachen auf den Tisch, die auch tatsächlich gern gegessen wurden. An Wochentagen essen die Jugendlichen wie auch die Erwachsenen heute noch im Speisesaal, aber nun kann täglich zwischen verschiedenen Angeboten gewählt werden und die Qualität des Essens hat sich gravierend verbessert.

Auf Grund der verschiedenen Vorgeschichten der Jugendlichen waren auch ihre Verhaltensweisen sehr unterschiedlich. Ich arbeitete mit Jungen, die zu Hause schlicht vernachlässigt worden waren und sich nun dankbar dafür zeigten, wenn sie von uns Erwachsenen Anerkennung und Zuwendung erfuhren. Es gab aber auch die gegen ihren Willen vom Gericht oder durch die Eltern untergebrachten Jungen, die sich gegen diese Maßnahme auflehnten und immer wieder durch Regelbrüche, Aggression oder Weglaufen auffielen. Viele von ihnen waren bereits vor ihrer Zeit im Heim straffällig gewesen oder wurden es während des Aufenthalts bei uns. Deshalb gehörte es auch zu meinen Aufgaben, diese Jungen als Beistand zu ihren Gerichtsverhandlungen zu begleiten. Wenn straffällig gewordene Jugendliche zu uns geschickt wurden, dauerte es in der Regel neun Monate bis zu ihrer Gerichtsverhandlung. Manche davon verschwanden nach kurzer Zeit wieder, weil sie die festen Regeln im Heim nicht aushielten. Davon gingen einige in Untersuchungshaft, wo sie nicht so einfach weg laufen konnten. Wenn sie aber die ersten vier Wochen bei uns durchgehalten hatten, blieben sie in der Regel auch bis zur Verhandlung. Dann kannte ich sie gut genug, um vor Gericht über die Jungen zu berichten. Diese Berichte wurde von den Richtern ernst genommen und in der Regel verhängte das Gericht auch die Strafe, die ich vorgeschlagen hatte. Das konnten z.B. Arbeitsstunden beim Förster im Wald sein, aber auch Jugendarrest oder bei schweren Straftaten die Verurteilung zu einer Haftstrafe, die mit der Auflage, im Karlshof eine Ausbildung zu machen, zur Bewährung ausgesetzt wurde. So habe ich in dieser Zeit viele Jugendliche kennen gelernt, die früher z.T. auch schwere Straftaten begangen hatten. Durch die Berufsausbildung bei uns bekamen sie eine gute Grundlage, um ihr weiteres Leben meistern zu können.

Nach einem Leben, das bisher von vielen Wechseln geprägt war, zeichnete sich nun ab, dass Maren, Sönke und ich ein ruhigeres Leben genießen konnten. Ich hatte eine sichere Arbeitsstelle im öffentlichen Dienst. Wir wohnten in einem kleinen Häuschen in dem Dorf, in dem ich arbeitete. So bekamen wir bald unser zweites Kind. Ich war natürlich wieder bei der Geburt dabei. Das war inzwischen kein Problem mehr, da der Arzt bereits wusste, dass ich Geburtserfahrung hatte. Ein kleiner Wermutstropfen war, dass Maren und auch ich uns zwei Kinder gewünscht hatten, einen Sohn und eine Tochter. Wir bekamen einen zweiten Sohn, Sven. Es ging uns gut.

St. Croix

In Hessen wurde ein Modell entwickelt, um Kindern aus schwierigen Verhältnissen die Unterbringung in einem Heim zu ersparen, die Erziehungsstellen. Darunter versteht man Pflegestellen, die Kinder aufnehmen, mit deren Erziehung normale Pflegeeltern überfordert wären. Deshalb muss in Erziehungsstellen mindestens ein Elternteil eine pädagogische Ausbildung haben. Da der Aufwand bei der Erziehung dieser Kinder größer ist als bei den üblichen Pflegestellen, ist auch die Vergütung für diese Tätigkeit deutlich höher. Ein solches Kind aufzunehmen, war uns möglich. Eine Einnahme neben meinem Gehalt kam uns gelegen. Maren bekam eine Arbeit, ohne aus dem Haus gehen zu müssen. Also kam ein Erziehungsstellenkind in unsere Familie.

Beate war ein hübsches, neun Jahre altes Mädchen mit braunen Augen und langen braunen Haaren. Sie besuchte eine Sonderschule für Lernbehinderte. Wie wahrscheinlich alle Kinder, die aus ihrer Familie genommen und bei erst einmal für sie fremden Menschen untergebracht werden, war sie anfangs sehr zurückhaltend. Beate kam aus einer Familie mit mehreren Kindern, die zur unteren sozialen Schicht gehörte. Ihrem Vater wurde vorgeworfen, sexuelle Kontakte mit anderen Frauen neben seiner Ehefrau zu haben. Die Eltern hätten die Kinder aber trotz eingeschränkter finanzieller Möglichkeiten ausreichend versorgt. Misshandelt hätten die Eltern ihre Kinder nicht, aber sie hätten sie in ihrer Entwicklung nicht ausreichend fördern können. So richtig hatte Beate nicht verstanden, warum sie aus ihrer Familie genommen worden war. Sie hatte sich dort wohl gefühlt.

Beate war ungefähr so alt wie Sandra. Ich war glücklich, Beate in meiner Familie zu haben. Ich stellte mir aber manchmal die Frage, ob Maren wirklich immer so streng mit ihr umgehen musste.

Wir kauften, da wir nun drei Kinder hatten, einen gebrauchten roten VW-Bus. Maren hatte Geld geerbt und so konnten wir uns auch einen neuen Wohnwagen in Luxusausführung leisten, der ein Kinderzimmer mit drei Betten hatte. Mit dem fuhren wir in den Sommerferien nach Südfrankreich und freuten uns auf den Urlaub am Mittelmeer. Eine kleine Felsenbucht mit einem Sandstrand am inneren Ende war unser Ziel. Wenige Schritte über dem Strand, hinter einen Parkplatz, lag der Campingplatz, auf dem wir den Wohnwagen im Schatten von Pinien aufstellten. Ich kannte die Bucht und den Campingplatz schon, weil ich dort mit einer Gruppe Jugendlicher aus dem Karlshof eine Freizeit verbracht hatte.

Meistens waren wir am Strand, wo wir den Tag verbrachten. Wir staunten über das riesige Einkaufszentrum in der nächsten großen Stadt und erkundeten die Gegend. Am Eingang des Campingplatzes gab es eine Pizzeria unter freiem Himmel. Ein gemauerter Ofen wurde am Nachmittag mit offenem Holzfeuer aufgeheizt und abends genossen auch wir die in diesem Ofen gebackenen Pizzen.

Eines Morgens gingen wir wieder alle gemeinsam zum Strand. Wir breiteten unsere Decke direkt am Wasser neben der des französischen Pärchens aus, das auch am Vortag neben uns gelegen hatte. Ich bekam beim Anblick des Wassers Lust, schnorcheln zu gehen und sprach mit Maren ab, dass ich noch einmal zum Wohnwagen ging, um Taucherbrille und Flossen zu holen. Sönke und Beate spielten im flachen Wasser, Maren und Sven blieben auf der Decke.

Als ich gerade mit meinen Tauchutensilien wieder zum Strand gehen wollte, erschien Beate völlig aufgeregt am Wohnwagen. Es sei etwas Schlimmes passiert, ich müsse sofort zum Strand kommen, am besten solle ich das Auto nehmen. Ich fuhr tatsächlich das kurze Stück über den Parkplatz mit dem Auto und lief zum Strand. An unserer Decke fand ich die beiden bekannten Franzosen und Sven. Die Frau gab mir zu verstehen, dass ich zu dem kleinen Strandabschnitt gehen solle, der hinter einem Felsen lag, der das Ende der Bucht in zwei Strände teilte. Oben auf dem Felsen war ein Gebäude. Im dem sollten eigentlich die Rettungsschwimmer über die Badenden wachen. Als ich über den Felsen kletterte, schlug gerade ein Mann mit einem Stein eine Fensterscheibe ein, um an das Telefon in dem Haus zu gelangen. Ich sah nun eine Menschenansammlung auf dem anderen Strand und lief mit schlimmen Vorahnungen dort hin. Inmitten der Menschen lag Sönke auf dem Strand. Seine Augen waren offen aber er lebte offensichtlich nicht mehr. Nun traf ich auch Maren, die wohl über den Parkplatz zu dem anderen Strand gekommen war. Irgendein Fremder beugte sich über Sönke und schloss ihm die Augen.

Endlich kam ein Krankenwagen der Feuerwehr. Die Männer legten Sönke auf eine Trage und schoben ihn in das Auto. Es war letztlich ein Lieferwagen, an dessen

Innenwand die Trage in Tischhöhe abgestellt wurde. Mit den heute üblichen Rettungswagen hatte er nicht viel gemein. Ich stieg auch mit ein und wir fuhren ins Krankenhaus. Während der Fahrt bemühte sich jemand, Sönke wieder zu beleben.

Im Krankenhaus brachten Ärzte Sönke in einen Raum, in den ich nicht mit hinein durfte. Endlos lang stand ich in meiner Badehose im Flur, bis ein Arzt zu mir kam und wissen wollte, ob ich der Vater sei. Dann erklärte er mir, dass sie alles ihnen Mögliche versucht hätten, aber meinem Sohn nicht mehr hätten helfen können.

Nun war auch Maren gekommen. Die Franzosen, die wir vom Strand kannten, hatten sie, Beate und Sven mit unserem Bus ins Krankenhaus gefahren und blieben die nächste Zeit bei den Kindern. Da Maren und auch ich kein Französisch sprechen, musste eine Krankenschwester übersetzen, was mit den Ärzten und der Polizei nun alles zu verhandeln war. Schließlich wurde die deutsche Botschaft angerufen und eine sehr freundliche Dame sagte zu, alle Formalitäten mit den französischen Behörden zu erledigen. Wir erfuhren, dass wir wichtige Papiere in Deutschland beschaffen mussten und deshalb wollten wir schnell nach Hause zurück.

Ich bezahlte die Campingplatzgebühren, spannte den Wohnwagen an und wir fuhren zurück nach Deutschland. Ich konnte die Menschen, die Straßen, die Häuser klar sehen. Gleichzeitig hatte ich aber das Gefühl, mein Kopf stecke in einem dicken Paket Watte. Alles um mich herum war unwirklich gedämpft und ruhig.

Irgendwann, wir waren auf der Autobahn, sah ich durch den inneren Rückspiegel nach hinten. Beate saß auf der mittleren Sitzbank und blickte, selig in sich hinein lächelnd, vor sich hin. Es war heiß im sonnigen Südfrankreich. Trotzdem lief es mir bei diesem Anblick eiskalt über den Rücken. Sönke war gerade gestorben, aber das schien Beate überhaupt nicht zu belasten. Im Gegenteil, sie schien sich zu freuen, dass wir auf dem Heimweg waren. In der Nacht wurde ich müde und hielt auf einem Parkplatz an, um dort zu übernachten. Erst schlief ich eine halbe Stunde, dann lag ich eine Stunde wach im Bett. Ich konnte nicht mehr einschlafen. Meine Gedanken kreisten um all das, was am Tag geschehen war und schließlich fuhren wir weiter. Ich befürchtete, dass ich so schlimm aussehen könnte, dass die Grenzpolizisten mich nicht weiter fahren lassen würden. Aber sie kontrollierten nur die Papiere und ich fuhr weiter bis nach Hause.

Abends setzte ich mich mit Beate ins Wohnzimmer und ließ mir von ihr erzählen, was am Strand geschehen war. Von Maren wusste ich, dass sie allein aus dem Wasser zu ihr gekommen war und zu ihr gesagt hatte: "Sönke ist nicht mehr da". Darauf hatte Maren Beate zu mir auf den Campingplatz geschickt und zusammen mit anderen Badegästen Sönke im Wasser gesucht. Nun erzählte Beate mir, eine große Welle sei plötzlich gekommen und habe Sönke und sie fortgespült. Ein Mann auf einer Luftmatratze, später erzählte sie von einem Mann in einem Schlauchboot, hätte sie gerettet, aber er hätte Sönke nicht gerettet. Sie sei sich sicher gewesen, dass Sönke gelebt habe, das wüsste sie genau, denn sie hätte ihm in die Augen gesehen. Seine Augen wären offen gewesen und die Augen eines Menschen wären zu, wenn er tot ist. Ich spürte geradezu körperlich, was Entsetzen ist und schickte Beate ins Bett.

Es gab an diesem Tag keine Wellen, die am Strand hätten gefährlich gewesen sein können. Es gab keinen Mann, der ein gerettetes Mädchen zu Maren gebracht hatte. Wie hätte Beate in Sönkes Augen sehen können, während sie gerade von einem Fremden gerettet wurde? Wenn sie Sönke, als er sich nicht mehr bewegte, in die Augen gesehen hatte, war sie bei ihm gewesen, als er bereits nicht mehr lebte. Warum rief sie da nicht um Hilfe, sondern ging zu Maren, um zu erzählen, Sönke sei nicht mehr da?

Ich ging später zu Beate ins Zimmer. Sie schlief völlig ruhig, als ob überhaupt nichts Besonderes passiert sei. Mir ging durch den Kopf, wie leicht es doch sei, einen Menschen zu töten. Hätte ich Beate ein Kissen auf das Gesicht gedrückt, es wäre ganz leicht gewesen zu warten, bis sie sich nicht mehr bewegte. Maren kam auch ins Zimmer, nahm mich wortlos bei den Schultern und brachte mich aus dem Zimmer hinaus.

Am nächsten Tag veranlasste ich, dass Beate unsere Familie verließ, sie kam vorerst in ein Kinderheim.

Die Frage nach der Schuld an Sönkes Tod beschäftigte mich von nun ab intensiv. Dabei wurde mir deutlich, dass keine Behörde diese Frage bearbeiten würde. Für die französische Polizei war die Sache als Badeunfall abgeschlossen. Deutsche Stellen würden sich nicht mit der Angelegenheit befassen, da Beate auf Grund ihres Alters schuldunfähig war. Letztlich wusste ich nur, dass Beate bei Sönke gewesen war, als er starb. Hat sie ihn, im Spiel oder absichtlich, unter Wasser gedrückt? Sie reagierte in für sie unklaren Situationen regelmäßig geradezu hysterisch. Warum hat sie aber nicht sofort, nachdem sie in Sönkes

Augen gesehen hatte, laut um Hilfe gerufen? Warum ging sie zu Maren und sagte, Sönke sei verschwunden? Mir wurde klar, dass ich niemals erfahren würde, wie und warum Sönke gestorben ist. Ich würde auch niemals erfahren, wer Sönke aus dem Wasser geholt hat und wie er an einen anderen Strand gelangt war.

Mir ist bis heute auch nicht klar, warum Maren nicht mitbekommen hat, was sich an diesem Tag im Wasser ereignet hat. Schließlich haben die Kinder, zumindest sollte es so sein, zu ihren Füßen inmitten all der anderen Badegäste gespielt.

Urlaub

Meine Mutter konnte sich einen Urlaub mit mir finanziell nicht leisten. Trotzdem lernte ich die Insel Sylt und den Edersee kennen, weil ich als Kind zu Erholungsaufenthalten dort hin verschickt worden war.

Meinen ersten Urlaub verbrachte ich mit Angela, als wir mit meinem VW-Bus durch Westdeutschland fuhren und ich ihr alle die Orte zeigte, an denen ich früher einmal gelebt hatte.

Maren hatte Geld geerbt, für unsere Verhältnisse viel Geld. Damit erfüllten wir uns Wünsche, die mit meinem normalen Einkommen im öffentlichen Dienst nicht hätten bezahlt hätten werden können. Ein neuer Schrank kam ins Wohnzimmer, Maren schenkte mir einen richtig schweren Schreibtisch, beide in Eiche hell. Immer wieder kauften wir echten Champagner, bis wir alle Sorten aus allen drei Läden im Dorf durchprobiert hatten. Dabei stellte ich fest, dass der teuerste Tropfen zu mehr als 30 D-Mark pro Flasche mir durchaus nicht besser schmeckte als der zu 20 D-Mark und letztlich der Unterschied zu einem Sekt aus dem Supermarkt auch nicht wirklich den hohen Preis wert war. Die wichtigste neue Anschaffung aber war ein Wohnwagen. Meine Schwiegereltern hatten Campingerfahrung. Früher waren sie mit dem Zelt und ihren zwei Kindern in die Ferien gefahren, zu der Zeit besaßen sie einen Wohnwagen. Deshalb konnten sie uns beim Kauf beraten und so kauften wir einen großen Fendt Diamant mit fünf Schlafplätzen, im Kinderzimmer gab es eine zum Bett umzubauende Sitzgruppe und ein Doppelstockbett. Unter Campern wird der Fendt gerne als der Mercedes unter den Wohnwagen bezeichnet. Dazu wurden auch gleich zwei Vorzelte für den Sommer und den Winter angeschafft, denn er war natürlich winterfest mit Isolation und Heizung.

An dem Schreibtisch sitze ich auch heute, wenn ich gerade an den Erinnerungen des Opektafarmers schreibe, der Wohnwagen ist nach der Trennung bei mir geblieben und steht abfahrbereit auf dem Hof.

Ich war mit einer Jugendgruppe zu einer Freizeit ans französische Mittelmeer gefahren. Dort gefiel es mir so gut, dass wir auch mit meiner Familie nach St. Croix fuhren. An einem eigentlich ganz normalen Tag am Badestrand verloren wir Sönke und fuhren wieder nach Hause.

Zusammen mit einem befreundeten Ehepaar, er war ein Arbeitskollege von mir, hatten Maren und ich ein Haus gekauft, von dem aus wir zu Fuß zur Arbeit gehen konnten. Die beiden kauften auch einen Wohnwagen und wir beschlossen, zusammen Urlaub in Jugoslawien zu machen. Maren und ich fuhren eine Woche früher los und sollten einen schönen Campingplatz ausfindig machen. An der Grenze zwischen Österreich und Jugoslawien war der Loibl-Pass zu bezwingen, der mir mit 17% Steigung doch Respekt einflösste. Aber an der Tankstelle unten an der Passstraße versicherte mir der Tankwart, die Steigung sei für mein Gespann kein Problem und ich fuhr die Bergstraße nach oben. Erst im dritten Gang, dann im zweiten, schließlich im ersten und mitten in einer Kurve ging schließlich gar nichts mehr. Ich hing in einer Kurve fest, weil für unseren Mercedes die Steigung doch zu stark war.

Nun kam ein amerikanischer Geländewagen und der Fahrer fragte, ob er uns den Berg hinauf ziehen solle. An der österreichisch/jugoslawischen Grenze wollte er dafür 70 D-Mark haben. Ich hätte es allein nicht nach oben geschafft, rückwärts die Serpentinen hinunter zu fahren traute ich mich mit dem Wohnwagen nicht. Also stimmten wir zu und der Österreicher hänge eine Kette zwischen unseren Mercedes und seinen Wagen. Dann zog er das komplette Gespann an den anderen auf der Steigung vor der Grenze wartenden Urlaubern vorbei bis direkt zu den Grenzwächtern. Eigentlich war ich ein wenig sauer, weil der freundliche Helfer sicherlich der Schwager oder Freund des Tankwarts gewesen war, der uns die Steigung hinauf geschickt hatte. Andererseits reifte in mir der Wunsch, auch einmal so ein Auto zu fahren. Mittlerweile steht nun schon der dritte benzindurstige Jeep Cherokee auf meinem Hof.

In Jugoslawien war es strikt verboten, außerhalb von Campingplätzen im Wohnwagen zu übernachten. Allerdings waren alle Campingplätze alle hoffnungslos mit Urlaubern überfüllt. Die erste Nacht schliefen wir auf einer eingezäunten Wiese ohne Sanitäranlagen, die als Notplatz zu einem Campingplatz gehörte. Am nächsten Abend schoben wir auf einem anderen Campingplatz den Wohnwagen zwischen ein paar Bäume, wo aber kein Platz mehr für einen Esstisch oder gar das Vorzelt gewesen war. Ich hatte abends ein Schild gesehen, dass zu einem weiteren Campingplatz gezeigt hatte. Dort fuhr ich am Morgen hin und auf diesem Patz hätten noch einige Dutzend Wohnwagen und Zelte aufgestellt werden können. Nur handelte es sich um einen FKK - Campingplatz, der da so wunderschön direkt am Meer lag. Ich erinnerte mich an meinen ersten Versuch, texilfrei zu baden. In St. Peter gab es einen großen FKK-Strand, an den ich bereits einmal getraut hatte. Als ich zum ersten Mal ohne Badehose im Wasser schwamm, war das eine faszinierende Erfahrung gewesen. All das, was sonst in der engen Badehose eingezwängt gewesen war, konnte sich nun völlig frei im Wasser bewegen. Herrlich. Eigentlich war es schade, dass ich so verklemmt gewesen war und mich das nicht wieder getraut hatte.

Zurück bei der Familie wurde beratschlagt und wir riefen die Freunde in Deutschland an, ob sie sich FKK vorstellen könnten. Sie konnten, und so zogen wir auf den anderen Campingplatz um. Den Kindern machte es nichts aus, aber für Maren und mich war es schon etwas ungewohnt, völlig textilfrei inmitten fremder Menschen herumzulaufen. Aber die waren ja auch alle nackt und so gewöhnten wir uns schnell daran. Die Freunde kamen dazu und wir fanden Gefallen an der neuen Urlaubsform. Keine Kinder, die aus dem Wasser kommen und sich umziehen müssen, um sich nicht zu erkälten. Keine Badeklamotten, die zum Trocknen aufgehängt werden müssen und zum ersten Mal in meinem Leben nahtlose Bräune.

Nicht so begeistert war ich von den Besuchen eines Taxibootes, das jeden Tag in der Bucht ankerte. Die Gäste kamen nicht zum Baden, sondern beobachteten die Nackten mit Ferngläsern und fotografierten um die Wette. Schließlich schwamm ich zu dem Taxiboot und tauchte zum Anker, dessen Leine tatsächlich nur angeknotet war. Diesen Knoten zu lösen, war nicht allzu schwer. Darauf schwamm ich an Land und holte mein Fernglas. Es war köstlich, den Kapitän dabei zu beobachten, was nun folgte: Er lief zuerst ungläubig hin und her und schien die Lage des Schiffes zu peilen. Dann fasste er an die Ankerleine, hob sie langsam an. Schließlich zog er sie kräftiger zu sich und holte sie immer hastiger ein, bis er das ankerlose Ende in der Hand hielt. Nun warf er den Motor an, um nicht an den Strand getrieben zu werden. Im glasklaren Wasser fand er später seinen Anker wieder und zwei Männer, natürlich in Badehosen, tauchten und knoteten den Anker wieder an. Danach verließ der Kapitän die Bucht und von da ab ankerte das Taxiboot jeden Tag in der nächsten Bucht, die nicht mehr zum Campingplatz gehörte.

Das Gelände, auf dem man nackt herumlaufen durfte, war groß. Ich konnte, wenn ich mit meinen beiden Dackeln Gassi ging, längere Zeit gehen, ohne das Gelände verlassen zu müssen. Ich fand Gefallen daran, mich ohne Kleidung auch abseits des Strandes zu bewegen. Mit zwei Hunden wird man öfter von Fremden angesprochen, so kam ich auch mit einem Mann ins Gespräch, der sich sehr für die beiden Teckel interessierte. Es stellte sich heraus, dass mein neuer Bekannter aus Bayern Jäger war. Bevor wir unseren Urlaub beendeten, bestellte er einen Welpen aus dem nächsten Wurf von Feline. Diesen Welpen suchte er sich dann später bereits in der Wurfkiste aus und machte in seinem örtlichen Jagdverein mit Hexe Furore. Sämtliche jagdlichen Prüfungen bestand Felines Tochter mit Bravour. Zur Teckelei komme ich aber noch später.

Jugoslawien war damals ein sozialistisches Land. Der Urlaub war zwar billig, besonders das Essen in Lokalen grenzenlos preiswert. Aber in Geschäften gab es bis auf die Grundnahrungsmittel nicht sehr viel zu kaufen. Auf dem Markt gab es kaum Fleisch, dafür aber reichlich Fisch. Da wir diesen aber alle nicht so sehr mochten, aßen wir häufig auf der Terrasse, dem Lokal mitten auf dem Campingplatz. Wasser kam tagsüber nur spärlich aus den Wasserhähnen. Aber Not macht erfinderisch und wir Männer füllten spät abends unsere Kanister und diverse Flaschen auf. Wenn die tagsüber in der Sonne gestanden hatten, konnten abends die Kinder mit dem warmen Wasser geduscht werden.

Ich tauchte gerne mit Flossen und Taucherbrille. Dabei stieß ich auf zwei mächtige Rohre, die auf dem Meeresgrund lagen und traf am Ende der Rohre die alten Bekannten wieder, von denen ich mich morgens auf der Toilette verabschiedet hatte. Ungeklärt flossen die Abwässer rund 200 Meter weit ins Meer. Den Durchfall, den ich nun bekam, wollte ich mit Cola und Salzstangen wieder loswerden. Salzstangen waren reichlich zu bekommen, aber Cola war überall ausverkauft. Zufällig sah ich, wie ein Getränkelaster zwei Kisten Cola an einem Supermarkt ablud. Ich wartete im Laden, bis sie herein getragen wurden und kaufte sofort eine davon unter den missbilligenden Blicken der Kassiererin. Mit diesem Hausmittel wurde ich dann auch den Durchfall bald wieder los.

Früher als eigentlich geplant fuhren wir wieder nach Hause und verbrachten noch einige Tage in Österreich, um unsere Mägen langsam wieder an die heimische Kost zu gewöhnen. Wir suchten gezielt nach einem FKK-Platz, weil wir keine Lust hatten, zum Baden wieder Textil zu tragen.

Dort konnte man sogar völlig nackt im angrenzenden Wald spazieren gehen, ohne dass dies jemanden störte. Diese wenigen Tage wurden dann genauso teuer, wie der gesamte Urlaub in Jugoslawien.

Für das nächste Jahr hatten wir einen Tipp bekommen, wo wir Urlaub machen können, wie wir ihn uns nun vorstellten, mit nahtloser Bräune, aber mit gewohnten Einkaufsmöglichkeiten und ohne Wassermangel: In Südfrankreich in Cap d´ Agde.

Cap d`Agde

An der Mündung des Flusses Herault, an der französischen Mittelmeerküste, liegt Cap d`Agde. Dort befindet sich das größte Naturistenzentrum Europas. Mehrere zehntausend Menschen können dort gleichzeitig textilfrei Urlaub genießen. Neben drei großen Zentren mit Appartements, Geschäften und Lokalen gibt es ein Hotel, einen eigenen Hafen und, für uns am wichtigsten, einen riesigen Campingplatz. In Cap d´Agde verbrachten wir viele Jahre lang jeden Sommer unseren Urlaub.

Hinter der Eingangskontrolle darf jeder die Hüllen fallen lassen und - wer will - braucht das Zentrum während des ganzen Urlaubs nicht mehr zu verlassen. Alles Notwendige kann gekauft werden, selbst eine Bank befindet sich auf dem Gelände, in der auch nackte Kunden bedient werden. In den Geschäften bewegen sich fast alle Menschen textilfrei. Wer tagsüber ein Lokal besucht, setzt sich auf sein mitgebrachtes Handtuch. Abends sind die meisten Menschen dann angezogen.

Tatsächlich wird man aber die gebirgige Landschaft, Flüsse die in imposanten Schluchten zum Kanufahren einladen, oder imposante Tropfsteinhöhlen besuchen und die alten Städte der Umgebung bewundern. Riesige Supermärkte in Agde, Beziers oder Montpellier laden zum Einkaufen ein.

Wenn wir einen freien Stellplatz gefunden hatten, mussten zuerst der Wohnwagen und das Vorzelt aufgestellt werden. Vorher zogen wir uns natürlich erst einmal aus. Nun kamen die ersten Nachbarn vorbei, um mit Rat und Tat zu helfen. Die Kinder waren inzwischen verschwunden, weil sie den Platz erkunden wollten. Wenn sie wieder auftauchten, hatten sie andere Kinder im Schlepptau, die sie mit der Feststellung: "Das ist mein Freund" vorstellten. Es ist das schönste am Campingurlaub, dass man sofort Kontakt zu anderen Menschen findet.

Am wichtigsten war natürlich der Strand, an dem wir die meiste Zeit verbrachten. Spätestens dort lernten wir dann auch die Eltern der neuen Freunde unserer Kinder kennen.

Urlaub in Cap d´Agde ist einfach ideal für eine Familie mit Kindern. Deshalb fahren viele Familien jedes Jahr wieder dort hin. Auch wenn es nicht abgesprochen worden war, trafen wir in jedem Jahr Familien wieder, die wir schon kannten. Es war schön, zu erleben, wenn die anderen Kinder seit dem letzten Jahr wieder ein Stück größer geworden waren. Bei den eigenen fällt das nicht so auf, aber wenn man Kinder immer im Abstand von einem Jahr wieder sieht, schon.

Öfter taten sich Familien zusammen, um Ausflüge in das Umland zu unternehmen. Für die Kinder war das schön, weil sie ja immer mit anderen Kindern zusammen waren und nicht nur mit den Eltern ihre Zeit verbrachten. So besuchten wir gemeinsam beeindruckende Tropfsteinhöhlen oder die Höhlen von Roquefort, in denen der berühmte Schafkäse reift. Volker, der Vater einer Familie mit zwei Söhnen, fuhr mit den Kindern in Kanus einen wilden Fluss hinunter und aus einem Hubschrauber sahen wir uns die Küste und Cap d´Agde aus der Luft an.

Die meiste Zeit verbrachten wir aber an dem herrlichen Strand mit dem feinen Sand, in dem die Kinder immer neue

Dämme, Kanäle und Burgen bauten.

Da ich gerne mit Taucherbrille und Flossen die Unterwasserwelt erforschte, brachte ich aus dem tieferen Wasser die schönsten Muscheln mit. Dabei entdeckte ich, dass Tintenfische sich am Meeresgrund aus größeren Muschelschalen Verstecke schufen, unter denen sie nicht zu sehen waren. Mit einem Spielzeugeimer und einem Kescher gelang es mir aber, jedes Jahr einen Tintenfisch zu fangen und mit an den Strand zu nehmen, wo ihn die Kinder, aber auch die Erwachsenen, bewunderten. Später entließ ich ihn wieder in die Freiheit.

Eines Tages entdeckte ich von der Wasseroberfläche aus in ziemlich tiefem Wasser, es mögen sechs oder acht Meter gewesen sein, etwas Ungewöhnliches. Das holte ich nach oben und nahm es mit an den Strand. Es war eine ungewöhnlich geformte Scherbe aus Ton. Was es genau war, konnte niemand erklären und so fantasierten wir herum, es könne ein wertvolles Stück aus alter Zeit sein, das die alten Römer hier zurückgelassen hatten. Ich legte es unter den Wohnwagen und dachte nicht weiter daran.

In Cap d´Agde gibt es ein Museum für Unterwasserarchäologie. Forscher suchen auf dem Meeresgrund nach Hinterlassenschaften aus antiker Zeit und stellen die schönsten Stücke im Museum aus. So wurde auf dem Grund des Flusses Herault eine Statue aus Bronze geborgen, mehrere gesunkene Schiffe wurden mit riesigen Staubsaugern aus dem Sand freigelegt. In diesem Museum gab es große Mengen von Scherben der Art, wie ich eine unter den Wohnwagen gelegt hatte. Nun war meine Neugierde so groß, dass ich die Scherbe vom Campingplatz holte und den Mitarbeitern im Museum zeigte. Die waren begeistert und bestätigten, dass es sich um ein Bruchstück einer antiken Amphore handelt. Es waren aber nicht die Römer, sondern die alten Griechen, die vor weit mehr als zweitausend Jahren in dieser Gegend Handel getrieben hatten. So kommt es, dass ich heute in einer Vitrine ein selbstgefundenes antikes Stück einer griechischen Amphore aufbewahre.

Volker und Petra sowie ihre Söhne hatten wir in unserem ersten Jahr in Cap d´Agde kennen gelernt und von da ab in jedem Sommer wieder gesehen. In einem Jahr brachte Volker einen Strandkatamaran mit, einen Topcat. Nun waren wir beide, Volker und ich, immer auf dem Wasser unterwegs, wenn der Wind einladend wehte. So lernte ich nicht nur segeln, sondern bekam so viel Spaß daran, dass ich im Jahr darauf auch einen Kat in den Urlaub mitbrachte. Meiner war ein Hobie 17 und der Anfang eines Hobbys, das ich heute noch gerne ausübe. Nachdem ich mehrere Jollen gesegelt habe, bin ich nun aber, dem Alter entsprechend, auf einer soliden Yacht unterwegs.

Der Dackelzüchter

Ich lebte damals in Frankfurt, als ich in einer Zeitschrift ein Foto sah, an das ich mich noch heute erinnere: Ein Mädchen, es mag 12 Jahre alt gewesen sein, stand mit gespreizten Beinen fest auf dem Boden. Es trug einen knielangen Rock, eine Bluse, Kniestrümpfe und ein fröhliches Lächeln.

Zwischen ihren Beinen saß ein Hund, der wie das Mädchen selbstbewusst in die Kamera sah. Es war ein Chow-Chow.

Ich zeigte das Foto meiner Mutter, die mich daraufhin fragte, ob ich in das Mädchen verliebt sei. Die Frage verstand ich nicht, da ich mich ja nicht in ein Foto verlieben konnte. Das Mädchen war zweifellos hübsch und der Hund bzw. diese Rasse beschäftigten mich noch lange.

Chow-Chow´s sind eine Hunderasse, die ursprünglich aus China kommt. Eine Auffälligkeit ist die blaue Zunge. Manche Chinesen behaupten, der Chow-Chow habe die heruntertropfende Farbe aufgeleckt, als vor Urzeiten der Himmel angestrichen wurde.

Hunde dieser Rasse sind sehr mannbezogen. Man muss sie als Welpen zu sich holen und dann für den Rest seines Lebens bei sich behalten. Wenn man ihn später an einen Fremden abgibt, wird dieser Mensch mit dem Hund nicht glücklich werden. Der Chow-Chow wird immer seinem ersten Besitzer nachtrauern, er kann sogar an dieser Trennung sterben.

Ich wollte einen solchen Hund haben und so fuhr ich mit Maren zu einer Züchterin in Kiel. Die hatte aber gerade keine Welpen und von ihren ausgewachsenen Hunden gab sie mir natürlich keinen ab. Etwas später kamen wir an den Schaufenstern von Knutzen vorbei, einem Garten- und Zoofachgeschäft. In einem der Schaufenster balgten sich in den Sägespänen einige Hundewelpen. Maren blieb wie angewurzelt stehen und war ganz begeistert von einem der quirligen Fellbündel, das sie einige Zeit später im Arm hatte. Mit einem Chow-Chow hatte er nichts zu tun, laut den Papieren handelte es sich um einen Rauhhaardackel, den wir kauften und Felix nannten. Marens Oma war stinksauer wegen des Namens, weil es der Name ihres Mannes gewesen war, aber mit dem Namen "Kadi von Göbertsham", der in den Papieren stand, konnte man den Hund nun wirklich nicht rufen.

Als wir den Hund halbwegs erzogen hatten, fiel Maren auf, dass Felix eine Spielgefährtin braucht und so kam noch eine Hündin der gleichen Rasse, "Diana vom Wirtsholz", ins Haus. Was aber passiert, wenn beide Hunde erwachsen werden und immer zusammen sind? Die Natur setzt sich durch und so wurden Felix und Diana Eltern.

Wir bekamen Kontakt mit einer Gruppe des Deutschen Teckelklub von 1888. Dort rümpfte man zuerst die Nase, weil unsere Hunde Papiere eines Konkurrenzvereins hatten. Diana wurde auf einer Zuchtschau vorgestellt und durfte dann von einem hochdekorierten Rüden mit korrekten Papieren gedeckt werden. Wir meldeten einen Zwinger an und die von uns gezüchteten Teckel trugen von nun an den Namen "vom Reihergrund". Ich wurde davon überzeugt, dass ein Teckel nur auf der Jagd richtig glücklich ist und so besaß ich irgendwann die richtige Kleidung und konnte, als Jäger verkleidet, mit meinen Dackeln durch Wald und Flur streichen. Nein, ich habe mich nicht vertan, wenn ich mal vom Teckel, mal vom Dackel schreibe. Diese Hunde dürfen sowohl Teckel als auch Dackel genannt werden, Dachshund ist ebenfalls korrekt. Sie werden in drei Größen, nämlich als Kaninchenteckel, Zwergteckel und als Normalschlag gezüchtet, dürfen Kurz-, Lang- oder Rauhhaardackel sein und mehrere Farbvarietäten gibt es auch. Jäger unterscheiden dann noch zwischen Begleithunden und Gebrauchshunden.

Nun führte ich rauhhaarige saufarbene Gebrauchsteckel vom Normalschlag, die ich für die Jagd ausbildete und auf Prüfungen und Ausstellungen führte. Saufarbene Teckel sind nicht etwa rosarot, sondern haben die Farbe von Wildschweinen.

Wir kauften noch eine Hündin, Xanthippe vom Helderbach, mit genügend wichtigen Eintragungen über bescheinigte Schönheit und bestandene Gebrauchsprüfungen aller Vorfahren in der Ahnentafel. Die bildete ich aus und führte sie erfolgreich auf Prüfungen und Zuchtschauen. Aus ihrem ersten Wurf, Vater war natürlich ein hoch dekorierter Gebrauchsteckel, behielt ich die einzige Hündin. Auf dieser wollte ich eine neue Zucht aufbauen. Feline erfüllte meine Träume. Sie bestand alle Prüfungen, manche mit der höchsten erreichbaren Punktzahl. Sie glänzte auf Zuchtschauen und wurde bei zwei internationalen Ausstellungen jeweils mit "Vorzüglich 2" zur zweitschönsten Hündin gekürt.

In der Hierarchie der Ortsgruppe des Teckelklubs stieg ich auf. Ich wurde zum Kassierer gewählt, später dann zum Schriftführer. Da sich Maren nun gleichzeitig zur Kassiererin wählen ließ, war der Verein fest in unserer

Hand. Zum repräsentieren nach außen hatten wir Edmund, den ersten Vorsitzenden. Sonst passierte aber nichts im Verein, was nicht über unseren Wohnzimmertisch ging.

Wenn jemand im Dorf nach dem Dackelzüchter fragte, konnte ihm jedermann sagen, wo wir wohnten.

Höhepunkt meiner Dackelfunktionärskarriere war die Organisation und Ausstellungsleitung einer Landessiegerzuchtschau. Die richtete unsere Gruppe aus, weil wir 25-jähriges Gründungsjubiläum feierten. Aus ganz Deutschland und sogar aus Dänemark und Italien kamen Teckelbesitzer, weil sie sich mit ihrem Hund um den Titel "Landessieger" bewarben. Mehr als 100 Hunde mit ihren Besitzern reisten an. Ich wollte jedem einzelnen ein besonderes Andenken mitgeben und eine Försterin hatte eine fantastische Idee: An einer Forsthochschule gab es einen Professor, der sich für die Erhaltung bedrohter Baumarten einsetzte. Der schenkte uns Setzlinge von Elsbeeren und Speierlingen. Jeder Hundeführer bekam einen geschenkt und fuhr mit einem Baum im Auto wieder nach Hause. Na ja, es war ein Bäumchen im Blumentopf, gerade mal 40 cm hoch. Wer nicht weiß, wie diese Bäume aussehen, kann sich beide heute in meinem Garten ansehen.

Die Teckelei hatte auch ihre Schattenseiten, aber daran war ich meist selbst schuld. Der Sohn eines Mitglieds des DTK machte seinen Jagdschein und hatte seine Jungjägergruppe zur Baujagd auf Füchse eingeladen. Gejagt wurde im eigenen Revier des Vaters und ich vertraute darauf, dass die jungen Jäger wussten, welche jagdbaren Tiere es im Revier gab. Ich schickte Xanthippe in den Bau, der mir gezeigt wurde und dann warteten wir. Kein Fuchs sprang und auch Xanthippe kam nicht wieder. Schließlich sah ich mir den

Bau genauer an und stellte fest, dass es sich um eine Burg handelte, die ein Fuchs und ein Dachs gemeinsam bewohnten. Das kommt häufig vor, die Tiere wohnen friedlich miteinander und respektieren den Burgfrieden. Nur, als Xanthippe einschliefte, war wohl gerade der Fuchs nicht zu Hause gewesen und der Dachs ließ sich nicht von dem Hund beeindrucken. Tippi lag in sicherem Abstand vor dem Dachs und kläffte ihn pausenlos an, der aber ließ sich nicht aus der Ruhe bringen und dachte nicht daran, seinen sicheren Bau zu verlassen. Als es dunkel wurde, ließ ich eine Transportkiste, meinen Mantel und eine Schüssel mit Wasser zurück und fuhr nach Hause. Am nächsten Morgen zog ich, diesmal mit Spaten und Schaufel ausgerüstet, wieder ins Revier. Xanthippe war zuerst nicht zu hören, aber als ich sie rief, versuchte sie wieder, den Dachs zu beeindrucken. Der aber ließ sich immer noch nicht stören und so begann ich zu graben. Ich war schon einen Meter tief, als die beiden dort unten ein paar Meter weiter zogen und ich von vorn anfangen musste. Der zweite Einschlag war schließlich zwei Meter tief, als ich in der Röhre den eifrig wedelnden Schanz von Tippi vor mir sah. Auf eine nicht ganz freundliche Art zog ich die jagdbesessene Dame aus der Röhre und endlich war sie wieder auf der Erde. Fast wäre sie mir wieder in die nächste Röhre eingeschlieft, aber ich bekam sie rechtzeitig zu fassen und bugsierte sie ins Auto.

Der Dachs hat dieses Erlebnis unbeschadet überlebt und auch kein Fuchs kam zur Strecke. Aber etwas Gutes hat dieses Jagderlebnis auf jeden Fall: Ich kann mithalten, wenn sich Jäger beim Schüsseltreiben ihre Erlebnisse erzählen.

Wenn ich über Jäger schimpfen will, habe ich natürlich auch eine Geschichte parat: Ich war mit Feline und Etzel in einem fremden Feldrevier unterwegs. Etzel hatte ich einem anderen Züchter als erwachsenen Hund abgekauft, er war also ein Gebrauchthund. Der hatte mich schon einmal gebissen, weil ich ihn im dicksten Jagdeifer, als er im Dickicht hinter Kaninchen her war, mit den Händen eingefangen hatte. Wir kamen auf einen Ort zu, das erste Grundstück war mit Bäumen dicht eingewachsen, aber eingezäunt. Also kam ich nicht darauf, dass es sich um einen Wald handeln könnte, in dem ich meine Hunde immer angeleint führe. Plötzlich rannte Etzel los, verschwand zwischen den Bäumen und wurde waidlaut. Ich nahm Feline an die Leine und rief Etzel. Statt ihm kamen zwei Rehe aus den Bäumen und flüchteten. Etzel aber rannte immer weiter bellend hin und her ohne auf meine Rufe zu reagieren. Ich ging in das Wäldchen hinein und war in unmittelbarer Nähe von Etzel, als ein Auto den Feldweg herauf kam. Der Motor wurde abgestellt, ein Schuss fiel, Schrote prasselten um mich herum. Ich warf mich auf den Boden und Etzel war still. Der Motor wurde wieder angelassen, das Auto fuhr los und ich sah zwischen den Bäumen noch einen grünen VW-Käfer verschwinden. Etzel lag tot zwischen den Bäumen, ich zitterte am ganzen Körper, war aber froh, dass ich keine Schrote abbekommen hatte. Da ich Etzel nicht so weit tragen wollte, ließ ich ihn liegen und ging mit Feline zurück zum Auto.
Ungefähr zwei Stunden später, ich hatte Feline nach Hause gebracht, war ich wieder an dem Wäldchen, um Etzel zu holen. Der lag aber nicht mehr da und statt dessen fand ich eine Stelle, an der frisch gegraben worden war. Ich fuhr

noch einmal nach Hause und holte einen Spaten. Nun grub ich nach und fand wie vermutet meinen erschossenen Hund. Mit ihm im Kofferraum fuhr ich zu einem angrenzenden Grundstück und fragte die Frau, die mir öffnete, wer hier der zuständige Jagdpächter sei. Das war ihr Mann, der aber gerade nicht da sei. Ich hatte die Vermutung, dass sie sehr wohl wusste, warum ich geklingelt hatte. Ich war sauer, dass der Kerl meinen Hund erschossen und vergraben hatte und er so leichtfertig geschossen hatte, dass er auch mich hätte treffen können. Also zeigte ich diesen Jäger an. Er musste seinen Jagdschein abgeben und seine Versicherung bezahlte mir eine Entschädigung, die dem Wert eines guten Zuchtrüden entsprach.

Bei manchen Würfen kam es vor, dass Welpen während des Trinkens Milch aus der Nase lief. Ich ahnte aber keinen Zusammenhang damit, dass dann auch einzelne Welpen starben. Auch Max war ein Welpe, der zwar trinken wollte, der es aber nicht richtig konnte. Feline wollte ihn nicht säugen und schleppte ihn mehrmals aus der Wurfkiste, um ihn in einer Ecke der Küche abzulegen. Ich öffnete schließlich alle Türen, um zu beobachten was geschah. Tatsächlich schleppte Feline den kleinen Kerl im Garten unter einen Busch und kehrte ohne ihn zu den anderen Welpen zurück. Sie wollte ihn also nicht aufziehen und so wurde er aus der Wurfkiste genommen und von Maren und mir mit einer Flasche und künstlicher Welpenmilch aufgezogen.

Es war klar, dass wir Max nicht verkaufen konnten. Als die anderen Welpen neue Besitzer bekamen, wog er genau halb so viel wie die Wurfgeschwister. Er sollte deshalb bei uns bleiben und später an Leute verschenkt werden, die nur einen Hund suchten, aber keine jagdlichen oder züchterischen Ambitionen haben. Eines Tages überraschte mich Maren aber nach dem Dienst mit der Nachricht, sie hätte Max verkauft. Ein Rentnerehepaar, das einen Dackel bei uns kaufen wollte, hatte Max gesehen und wollte nun unbedingt diesen winzigen Kerl haben. Es war peinlich, dass dieser Hund nun doch verkauft worden war, aber es war nun einmal geschehen und ich konnte schlecht hinterherfahren, um den Leuten den Hund wieder abzunehmen.

Einige Wochen später bekamen wir einen langen Brief der neuen Besitzer von Max. Der hatte wirklich einen Glücksgriff getan, seine neuen Leute waren völlig vernarrt in ihn. Sie waren mit ihm beim Tierarzt gewesen, der eine Gaumenspalte gefunden und diese operativ geschlossen hatte. Nun lebte Max ein sicher herrliches Leben und bereitete seinen Menschen viel Freude.

Gaumenspalte? Milch, die beim Säugen an den Zitzen aus der Nase von Welpen kommt? Ich forschte nach und erfuhr, dass die Veranlagung zu Gaumenspalten vererbt werden kann. Nicht alle Welpen müssen diese Gaumenspalten haben, aber immer wieder werden so geschädigte Tiere unter den Nachkommen der Hunde sein, die diesen Erbfehler in sich tragen. Meine Hunde trugen diesen Erbfehler in sich und mit diesem Wissen konnte ich mit ihnen nicht mehr weiter züchten.

Mit völlig neuen Tieren eine Zucht ganz von vorn beginnen, wollte ich nicht. Also wurden die Hündinnen nicht mehr gedeckt, keine Ämter mehr im Teckelklub übernommen und die Dackelzucht als Hobby der Familie war Geschichte.

Wer sich nun fragt, ob ich endlich einen Chow-Chow habe, wird enttäuscht. Ich bin nun in dem Alter, in dem ich einen Chow-Chow eventuell überleben würde. Das will ich ihm aber nicht antun. Statt dessen leben wir heute mit zwei Bayerischen Gebirgsschweißhunden zusammen.

Björn

Wir waren uns einig, dass Sven nach Sönkes Tod nicht als Einzelkind aufwachsen sollte. Deshalb beschlossen Maren und ich, ein weiteres Kind zu bekommen. Zum Ende der Schwangerschaft traten aber Probleme auf, wir hätten das Kind vor der Geburt verlieren können. Die Ärzte verordneten Maren absolute Bettruhe und eine Cerclage. Sie verbrachte deshalb die letzte Zeit bis zur Geburt streng im Bett liegend im Krankenhaus.

Nach den damals geltenden Gesetzen hätte ich eigentlich Sonderurlaub bekommen sollen, um während Marens Krankenhausaufenthalt Sven versorgen zu können. Ich war völlig überrascht, als mein Urlaubsantrag abgelehnt wurde. Mit dem Argument, wir hätten schon einige Zeit vorher von der Krankenhausaufnahme gewusst, wurde der Sonderurlaub verweigert. Wir hätten ja genügend Zeit gehabt, um eine Betreuung für Sven zu organisieren, z.B. über das Arbeitsamt. Selbst vor dem Arbeitsgericht konnte ich meinen Antrag nicht durchsetzen und nahm meinen Jahrsurlaub in dieser Zeit. Ich konnte diese Entscheidung nicht verstehen. Mütter, deren Kinder sich erkältet haben, bekommen regelmäßig Sonderurlaub, um diese versorgen zu können. Ein Vater, der ein Kind vor der Geburt verlieren könnte, hat auf diesen keinen Anspruch?

Als Björn geboren wurde, war ich selbstverständlich wieder bei der Geburt dabei. Die Nabelschnur lag zwei Mal um seinem Hals. Die erste Untersuchung ergab aber keine besonderen Auffälligkeiten und so freuten sich Maren und ich über unseren dritten Sohn.

Später zeigten sich jedoch im Vergleich zwischen Sven und Björn Unterschiede zwischen den beiden. Sven konnte bei Schulbeginn bereits sehr gut lesen. Er besuchte, für alle Lehrer selbstverständlich, das Gymnasium. Nach dem Abitur studierte er und wurde Lehrer. Björn zeigte in seiner Entwicklung Verzögerungen. Deshalb bekam er Sprachheilunterricht und später Ergotherapie. Der Versuch, Björn auf das Gymnasium zu schicken, scheiterte nach einigen Monaten. Er kam auf die Realschule, die er mit befriedigenden Leistungen abschloss.

Björn war das vierte Kind, das als mein eheliches Kind auf die Welt kam. Ich war mir sicher, keine weiteren Kinder haben zu wollen. Deshalb ließ ich mich sterilisieren. Von vier Kindern hatte ich zwar zwei verloren, aber mit zwei Söhnen waren wir doch eine Familie, die ein erfülltes Leben haben würde.

Es kam aber doch noch anders. Zwei weitere Pflegekinder lebten, wenn auch nur jeweils für kurze Zeit, bei uns.

Marinko

Eine Sozialarbeiterin des Jugendamtes, die wir schon vorher kannten, kam mit einem dringenden Anliegen zu uns: In unserem Dorf lebte eine Familie, die aus Jugoslawien nach Deutschland gekommen war. Der Vater arbeitete im Straßenbau, die Mutter versorgte die Kinder, einen Schuljungen und ein kleineres behindertes Kind. Die Frau war nun an Lungentuberkulose erkrankt.

Inzwischen war Tuberkulose nicht mehr die oftmals unheilbare Krankheit, wie ich sie damals in Sandbach und Middelburg kennen gelernt hatte. Mit neuen Medikamenten konnte die Krankheit inzwischen wirksam behandelt werden. Es war sicher, dass die Mutter für sechs Monate in eine Fachklinik gehen und danach geheilt wieder nach Hause kommen würde. Das kleine Kind wurde für diese Zeit von einer Tante aufgenommen, den Schuljungen aber hätte das Jugendamt in einem Heim unterbringen müssen. Für ihn hätte das bedeutet, für sechs Monate die Schule wechseln zu müssen. Wenn wir Marinko als Pflegekind aufnehmen würden, könnten wir ihm dies ersparen und er könnte im gewohnten Umfeld mit all seinen Freunden bleiben.

Also kam Marinko, ein zehn Jahre alter Junge, als Pflegekind in unsere Familie. Er erwies sich als freundliches und umgängliches Kind, bereitete aber ganz andere Probleme, mit denen wir nicht gerechnet hatten.

In der ersten Nacht machte Marinko ins Bett. Das konnte an dem Wechsel in eine für ihn fremde Familie liegen. Aber auch nach den weiteren Nächten war sein Bett nass. Marinkos Vater erzählte nun, dass sein Sohn auch zuhause immer ins Bett gemacht habe, das sei aber sicher nichts Schlimmes, er selbst habe in diesem Alter auch noch nachts eingenässt. Irgendwann würde das, wie bei ihm, ganz von allein aufhören. Maren und ich hatten aber Erfahrung mit Enuresiskindern und stellten Marinko einem Urologen vor. Das Ergebnis war, dass der Junge an einer schweren Nierenerkrankung litt, die bisher nicht erkannt worden war. So gestaltete sich die Pflege von Marinko völlig anders als alle Beteiligten gedacht hatten. Wir spielten nicht mit ihm im Garten oder machten mit ihm Hausaufgaben, sondern besuchten ihn mehrmals in der Woche in der 60 km entfernten Universitätsklinik, in die er nun stationär aufgenommen worden war. Da Marinko keine Schmerzen hatte, nahm der Vater die Erkrankung nicht allzu ernst. Einmal kam ich in die Klinik und der Vater besuchte gerade auch seinen Sohn. Aus der Stadt hatte er ihm eine Currywurst mit Pommes Frites mitgebracht, weil Marinko sich diese als Abwechslung zu der verordneten Diät gewünscht hatte.

Als seine Mutter wieder gesund und zu Hause war, kam auch der Junge zu seinen Eltern zurück. Die Familie zog in einen anderen Ort und später erfuhren wir von der Mitarbeiterin des Jugendamtes, dass Marinko gestorben war.

Peter

In der Gruppe im Karlshof, in der ich arbeitete, lebte ein Junge, der sich durch sein Verhalten von den anderen unterschied. Er war freundlich, suchte die Nähe der Erwachsenen und war wissbegierig. Damals wurde der Konsum von Drogen in der Arbeit mit jungen Menschen zu einem für mich neuen Thema und Peter fiel wegen seines Drogenkonsums auf. Wir beide kamen gut miteinander aus und ich glaubte, dass Peter in einer Pflegefamilie lernen würde, ohne Drogen zu leben. Deshalb kam er als Pflegekind in unsere Familie. Wir verbrachten eine schöne Zeit miteinander, so war er mit uns im Campingurlaub in Frankreich.

Unsere Hoffnung, er würde nun drogenfrei zu leben lernen, erfüllte sich nicht. Dazu kam, dass er plötzlich an einer bedrohlichen Gehirnblutung erkrankte, deren Ursache nicht wirklich festgestellt werden konnte. Bis heute kann diese Blutung wieder aufbrechen und abrupt tödlich enden, weshalb Peter keinen Sinn darin sah, länger als bis zum nächsten Tag zu planen. Konflikte, besonders mit Maren, wurden immer intensiver. Die Spannungen in unserer Familie wurden letztlich so groß, dass Peter wieder in den Karlshof zurück zog.

Dort beendete Peter seine Ausbildung zum Schlosser und wurde in ein selbständiges Leben entlassen. Seitdem wohnt er in Bauwagen oder ähnlichen Unterkünften und lebt von Sozialhilfe und Dingen, die er selbst herstellt und verkauft.

Wenn er mit seinen Hunden in einer Fußgängerzone sitzt, werfen ihm Passanten Geld in eine Schale. Ich habe ihn inzwischen mehrmals getroffen und dann reden wir immer ein wenig. Deshalb weiß ich, dass er sich in seinem jetzigen Leben durchaus wohlfühlt. Es ist sicher nicht das Ziel eines Erziehers, einen jungen Menschen auf diese Art zu leben vorzubereiten. Wenn er sich aber in diesem Leben wohl fühlt, habe ich das so zu akzeptieren. Inzwischen kann ich das.

Beate

Es war ein nicht auflösbarer Konflikt, der in mir brodelte. Einerseits lebte eine Zeit lang ein Mädchen in meiner Familie, das ich gern gehabt hatte. Andererseits deutete viel darauf hin, dass dieses Mädchen den Verlust meines ältesten Sohnes herbeigeführt oder zumindest nicht verhindert hatte. Hatte sie Schuld am Tod meines Sohnes, kann ein zehnjähriges Mädchen überhaupt Schuld haben? Mein ersten Gedanke am Morgen, wenn ich aufwachte, war "Beate", mein letzter Gedanke am Abend war "Beate". Aber es gab keine Chance, diesen Konflikt aufzulösen. Polizei und Justiz sahen und hatten keinen Anlass, die Frage zu klären, wie und warum Sönke gestorben war und ob jemandem eine Schuld daran gegeben werden konnte. Eigentlich wäre es notwendig gewesen, dass z.B. im Rahmen der Supervision dieser Konflikt aufgearbeitet worden wäre. Aber es gab niemanden, der Maren und mir Hilfe angeboten hätte. Der Landeswohlfahrtsverband sah sich für uns nicht mehr zuständig, nachdem wir keine Erziehungsstelle mehr waren.

Eines Tages begegnete ich Beate in einer nahe gelegen Stadt. An einer Fußgängerampel wartete sie auf das grüne Licht, ich wartete auf der anderen Seite der Straße. Als wir beide die Straße überquert hatten, fragte ich mich, ob sie es wirklich gewesen sein konnte.

Es war wirklich Beate, die ich eines Tages im Karlshof sah. Sie kam aus dem Gebäude der Hauswirtschaft. Und es wurde bald zur Gewissheit: Beate war nun tagsüber im

Karlshof, um in einer Fördermaßnahme auf eine Berufsausbildung vorbereitet zu werden.

Sönkes Tod war in der sozialpädagogischen Szene Nordhessens allgemein bekannt. Deshalb konnte ich mir nicht vorstellen, dass Beates Auftauchen in der Einrichtung, in der ich arbeitete, ein Zufall war. Sollten Beate und ich die Gelegenheit bekommen, die Vergangenheit aufzuarbeiten? Warum war das nicht mit mir abgesprochen? Würde hier nicht eine Begleitung oder Moderation notwendig sein? Ich fragte bei der Heimleitung nach und erfuhr, dass es das Arbeitsamt gewesen war, das Beate in den Karlshof geschickt hatte. Ich sprach mit den für Erziehungsstellen zuständigen Personen, die mir keine Hoffnung machten, dass sich etwas an der räumlichen Nähe von Beate und mir ändern würde. Letztlich wurde mir klar: Beate war in den Karlshof gekommen, ohne dass sich irgendjemand darüber Gedanken gemacht hatte, was diese räumliche Nähe für uns beide bedeuten würde. Es war für mich sehr belastend, wenn ich im Dienst aus dem Fenster auf das Nebengebäude mit der Hauswirtschaft sah und wusste, dass sie dort war. Ich nehme an, dass es Beate auch nicht anders ging. Sie, die einzige, die wissen kann, was damals am Strand geschehen war, wusste ja auch, dass ich im Schloss arbeitete.

Irgendwann fiel mir dann auf, dass ich Beate längere Zeit nicht mehr gesehen hatte. Ich fragte nach und erfuhr, dass sie eines Tages an der Arbeit zusammengebrochen und mit dem Krankenwagen fort gefahren worden war. Sie sei darauf hin in ein heilpädagogisches Heim gekommen und ich habe sie nicht wieder gesehen.

Sandra

Als ich die Zustimmung zur Adoption Sandras unterschrieben hatte, nahm ich an, meine Tochter vergessen zu können. Sie hatte einen neuen Vater und würde es bei diesem hoffentlich gut haben. Außerdem gab es da die nicht geklärte Vermutung, dass ich doch nicht der Vater von Sandra sein könnte. Ich dachte zwar fast jeden Tag an Sandra, aber ich sprach sieben Jahre lang mit niemandem darüber, dass ich einmal eine Tochter gehabt hatte. Vergessen konnte ich Sandra aber trotzdem nicht.

Während Angelas Schwangerschaft hatte ich mich auf das Kind gefreut. Die ersten zwei Jahre ihres Lebens war ich Sandras Vater und hatte damals keinen Anlass, daran zu zweifeln. Selbst wenn Sandra nicht meine biologische Tochter sein sollte, haben diese drei Jahre in mir eine intensive Beziehung zu diesem Kind reifen lassen und nun machte ich die Erfahrung, dass diese Beziehung unauflösbar in mir war.

Ich rief Angela an und erzählte ihr, dass ich Sandra wiedersehen möchte. Sie war einverstanden und versprach, dass sie mit Sandra reden werde und diese sich bei mir melden würde. Dies geschah aber nicht und so fuhr ich eines Tages zu ihr nach Flensburg. Sandra hatte inzwischen eine Ausbildung zur Erzieherin abgeschlossen und hatte ihre erste Arbeitsstelle bei einer Kirchengemeinde, wo sie in der offenen Jugendarbeit tätig war. Eine Nachbarin in der Wohngemeinschaft erklärte mir, wo ich Sandra finden würde und stellte den Blumenstrauß ins Wasser, mit dem

159

ich nun doch nicht suchend durch die Altstadt laufen wollte.

Dann standen wir uns im Jugendzentrum gegenüber und ich stelle mich mit meinem Namen vor. Sie wusste, wer hinter diesem Namen steckte, hatte aber keine Ahnung davon gehabt, dass ich bei ihr auftauchen könnte. Angela hatte ihr doch nicht erzählt, dass ich Sandra wiedersehen wollte. Nachdem ich auch durch den Pfarrer begrüßt worden war, ging Sandra mit mir in ihre Wohngemeinschaft, wo wir von der Nachbarin die Blumen abholten und dann hatten wir uns erst einmal viel zu erzählen.

Als sie ungefähr zwölf Jahre alt war, erfuhr Sandra, dass sie neben dem Vater, bei dem sie aufwuchs, noch einen anderen Vater hat. Die Omas hatten sich während einer Geburtstagsfeier über mich unterhalten und Sandra hatte das Gespräch unbemerkt mitgehört. Darauf hatten Angela und Jens ihr erzählt, dass sie von Jens adoptiert worden war. Sandra wollte mich gerne kennen lernen, ihre Mutter hatte aber behauptet, meine Adresse nicht heraus finden zu können. Nun hatten wir uns aber wieder kennen gelernt. Das hatte sie sehr aufgewühlt. Sie hatte es zwar gewusst, aber es war für sie nicht einfach, damit zurechtzukommen, neben ihrem Vater, der sie großgezogen hatte, noch ihrer "Leiblichen" in ihrem Leben einzuordnen. Es folgten mehrere Besuche in Flensburg, dann lernten meine Söhne meine Tochter kennen und wir verbrachten zusammen schöne Tage in Hamburg und in Kiel.

Maren hatte meinen Wunsch, Sandra wieder zu sehen, gekannt. Deshalb war ich völlig überrascht, als sie mir eines Tages mit Tränen in den Augen vorwarf, ich hätte mir meine Tochter wiedergeholt, sie aber könne sich ihren toten

Sohn nicht wieder zurückholen. Ich zog mich von Sandra zurück in der Hoffnung, meine Beziehung zu Maren zu retten. Das sollte mir aber nicht gelingen.

Später habe ich erfahren, dass Sandras Tochter nur ein halbes Jahr alt geworden war. Sie war zu früh geboren worden und hatte nicht die Kraft zum Leben gehabt. Ich war, vielleicht, irgendwie, Großvater geworden und habe erst davon gewusst, als das Kind bereits nicht mehr lebte. Später bekam Sandra einen Sohn, der offenbar als ein gesunder Junge aufwächst.

Trennung

Wenn man älter wird, macht sich irgendwann der Körper entsprechend bemerkbar. Bei mir war es der Rücken, der sich immer wieder schmerzhaft meldete. Immer häufiger wurde ich krank geschrieben und benötigte Spritzen und Tabletten gegen die Schmerzen. Ich bekam Massagen und Bewegungsbäder verordnet, als die nicht mehr wirklich halfen, schickte mich mein Arzt zu einer Kur.

Maren war darüber sehr aufgebracht. Ihrer Meinung nach wird bei Kuren immer fremdgegangen und deshalb verbot sie mir, die Kur anzutreten. Die Aussicht auf Besserung meiner Gesundheit war mir aber wichtiger und so trat ich die Kur trotz des Verbots meiner Frau an.

Ich kam in eine Orthopädische Kurklinik in Bad Neuenahr. Dort lebte ich drei Wochen lang mit Menschen zusammen, die alle von ähnlichen Zipperlein geplagt wurden wie ich. Wir bekamen Massagen, Fangopackungen und Bewegungsbäder, lernten rückengerechtes Sitzen, Aufstehen und Heben, entspannten beim Autogenen Training und bekamen bei der Ernährungsberatung erklärt, wie wir gesund essen. Kleine Gruppen, die sich meist aus Tischgemeinschaften fanden, verbrachten die freie Zeit mit Spaziergängen, aber wir besuchten auch einen Flohmarkt in Köln und die Spielbank. Dort ist entsprechende Kleidung vorgeschrieben, die ich nicht dabei hatte. Einen Schlips kaufte ich deshalb im Kaufhaus und weil meine schwarze Lederjacke auch nicht der Kleiderordnung entsprach, lieh mir der Portier eine angemessene Jacke. Ein Mitschüler in der Waldschule war der Sohn des Chefkassierers der Spielbank Bad Homburg gewesen. Der hatte mich tagsüber mit in die Spielbank genommen und mir erklärt, was sich dort abspielt. Ich wusste deshalb, dass man in einer Spielbank nicht wirklich Geld gewinnt. Aber fünfzig D-Mark sollte mir der Abend wert sein. Die wollte ich verspielen. Ich tauschte sie in Jetons um und ging Menschen beobachtend von Tisch zu Tisch. Manchmal riskierte ich einen Einsatz und freute mich, wenn ich gewann. Als ich über 100 D-Mark in Jetons in der Tasche hatte, tauschte ich diese in Bargeld und ging zufrieden in mein Bett.

Maren kam an einem Wochenende zu Besuch. Sie hatte von meinem Spielerglück erfahren und die entsprechende Kleidung mitgebracht, weil sie auch die Spielbank kennen lernen wollte. Die aber war an diesem Abend eine andere. Wieder tauschte ich 50 DM in Jetons um. Die ungezwungene Stimmung bei meinem letzten Besuch war jedoch einer spürbaren Anspannung gewichen. Maren meinte wohl, wir müssten auf jeden Fall gewinnen und sagte mir, wann ich wie setzen sollte. Schließlich war der letzte Jeton verspielt und tief enttäuscht verließen wir die Spielbank.

Körperlich war die Kur ein Erfolg. Stimmungsmäßig aber war sie genau das Gegenteil. Ich war zwar nicht, wie Maren befürchtet hatte, fremdgegangen. Trotzdem zeigte sich Maren mir gegenüber immer distanzierter. Sie hatte sich schon früher ein eigenes Zimmer in der Wohnung eingerichtet. In das zog sie nun mit ihrem Bett um. Schließlich erklärte sie mir, dass wir uns trennen würden. Sie wollte nicht einmal mehr, dass wir alle vier, unsere

Söhne, sie und ich, gemeinsam unsere Mahlzeiten einnahmen. Ich war durch ihr Verhalten so verletzt, dass ich ihrem Wunsch auf Scheidung zustimmte.

Schließlich rief Maren uns zusammen und erteilte mir den Auftrag, unseren Söhnen zu sagen, dass sich ihre Eltern scheiden lassen würden. Heute weiß ich, dass es ein Fehler war, das meinen Söhnen zu sagen. Dadurch müssen sie den Eindruck gewonnen haben, dass die Trennung auf meine Initiative zurückgegangen war. Dass die Beendigung der Ehe eine von Maren wohl schon länger geplante Sache war, wurde mir erst später bewusst.

Damals wusste ich noch nicht, was mir Sven später erzählt hat: Während ich zur Kur war, ging Maren gezielt in die Therme und lachte sich dort in der Sauna den Mann an, der ihr unter den gerade anwesenden am besten gefiel.

Es folgte die Scheidung, die anfangs aus einem Lehrbuch für vorbildliche Trennungen hätte stammen können: Wir einigten uns darauf, dass ich unser Haus behielt und Maren ihre Hälfte unseres Hauses abkaufte. Meine Frau nahm sich eine Wohnung im gleichen Dorf. Da sie in der Woche 30 Stunden arbeitete und ich im Schichtdienst mit Bereitschaften und Wochenenddiensten rund 60 Stunden, zogen die Kinder mit in ihre Wohnung. Diese hatten weiterhin die Hausschlüssel und meinen Dienstplan. Sie konnten also immer, wenn sie Lust hatten, bei mir vorbeikommen. Das Sorgerecht hatten beide Eltern weiter gemeinsam, eine Besuchsregelung war nicht notwendig. Ich verbrachte mit meinen Söhnen viel Zeit.

Nun tauchte Marens neuer Partner öffentlich auf. Ein stattlicher Mann, vorzeigbar. Er arbeitete bei einem Radio- und Fernsehsender und war mit einem Aufnahmeteam immer dort unterwegs, wo es etwas zu berichten gab, das die Fernsehzuschauer interessierte. Er war verheiratet und hatte drei schulpflichtige Töchter. Maren arbeitete weiterhin, war an den Wochenenden aber nun mit Josef überall dort unterwegs, von wo er für die Fernsehzuschauer berichtete.

Um Maren auszahlen zu können, hatte ich eine Hypothek aufgenommen. Ich nagte nun zwar nicht am Hungertuch, aber größere Ausgaben konnte ich mir nicht leisten. Meine Frau dagegen hatte genügend Geld zur Verfügung, um ihre neue Wohnung geschmackvoll einrichten zu können und um die Wochenenden mit Josef an vielen interessanten Orten in Hotels und Restaurants verbringen zu können.

Wir hatten während der Ehe eigene Bankkonten gehabt. Nach der Trennung wurden die gegenseitigen Vollmachten über diese Konten aufgehoben. Maren hatte den Onlinezugang zu ihrem Konto nicht gelöscht, obwohl sie ihre Geldgeschäfte nur am Bankschalter erledigte. Deshalb konnte ich gelegentlich vom heimischen PC aus ansehen, wie die Guthaben auf ihren Konten zügig dahin schmolzen. Nach einem Jahr war das Geld, das ich ihr für ihre Hälfte des Hauses und den Wohnwagen bezahlt hatte, aufgebraucht.

Die Stimmung in der Wohnung meiner Ex muss nun unerträglich geworden zu sein. Josef besann sich eines besseren und kehrte zu seiner Familie zurück. In dieser Situation kam Sven zu mir und bat mich darum, wieder bei mir wohnen zu dürfen. Er hat es, wie er es ausdrückte, "nicht mehr bei Mami ausgehalten".

Im Dachgeschoss hatte ich mir eine Wohnung eingerichtet, in der ich eigentlich allein leben wollte. Dort zog nun Sven mit ein und bekam das Zimmer wieder, das früher schon sein Zimmer gewesen war. Einige Wochen später zog auch Björn zu uns, obwohl ich noch gar kein Zimmer für ihn frei hatte.

Maren hatte inzwischen einen anderen Mann kennen gelernt. Sie löste ihre Wohnung auf und zog zu ihm nach Kassel.

Inzwischen war meine Mutter, die im Erdgeschoss unseres Hauses gewohnt hatte, gestorben. Die Mieter, die seit dem Auszug meiner Familie im ersten Stock gewohnt hatten, zogen in ihr neu gebautes Haus. Ich hatte eine Frau kennen gelernt, mit der ich zusammen leben wollte.

Meine Partnerin zog also mit ihren zwei Kindern in meinem Haus ein, ihre Mutter in die frühere Wohnung meiner Mutter. In unserem Haus, in dem meine Söhne aufgewachsen waren, lebten wir nun als eine Patchworkfamilie. Diese bestand aus den Resten von zwei gescheiterten Familien mit insgesamt vier Kindern und war außerdem wieder eine Familie mit drei Generationen. Und - es war eine Familie mit einer Tochter. Maren und ich hatten uns einen Sohn und eine Tochter gewünscht, aber drei Söhne bekommen. Für Maren war es sicher frustrierend zu erleben, wie ich nun lebte. Genau so wie vor unserer Trennung, wieder mit einer Frau und einer Oma im Haus, aber statt zwei nun vier Kindern. Drei Jungen und einem Mädchen.

Als meine Söhne wieder zu mir zogen, war das Verhältnis zu ihrer Mutter tiefgreifend gestört. Björn verlangte von mir nachdrücklich, ich solle das alleinige Sorgerecht für ihn beantragen, er wolle nichts mehr mit seiner Mutter zu tun haben. Ich lehnte das ab, weil ich mir sehr bewusst bin, dass für Kinder beide Eltern, Vater und Mutter, wichtig sind. Tatsächlich besserte sich das Verhältnis zu seiner Mutter langsam wieder und er verbrachte schließlich zunehmend die Wochenenden bei ihr.

Sven erzählte mir, dass er darunter gelitten hatte, als das Rasierzeug von Josef seinen festen Platz im Badezimmer gefunden hatte. Er hatte ihn wohl nur als den Liebhaber seiner Mutter, aber nicht als Familienmitglied empfunden.

Er berichtete mir auch, was seine Mutter ihm erzählt hatte: Während ich in der Kur in Bad Neuenahr war, suchte sie sich gezielt einen Liebhaber in einem Thermalbad. Josef war wohl unter den gerade anwesenden Männern derjenige, der ihrem Ideal am ehesten entsprach. Folglich war er es, den sie in der Sauna, beide splitternackt, vielversprechend und erfolgreich anlachte.

Sie selbst, die sich einen Mann wie Rufus Beck erträumt hatte, lebt heute mit einem Partner, der diesem Ideal nicht wirklich entspricht. Nun gut - dieser Mann wird andere Qualitäten haben, die ihren Wünschen entgegen kommen. Er besaß schon damals ein Haus in Spanien, bald darauf wurde ein Doppelhaus in Deutschland erbaut, das ihr gehörte. Per Flugzeug wurde zwischen Deutschland und Spanien hin und her gependelt.

Meine Bemühungen, die Beziehung meiner Söhne zu ihrer Mutter wiederherzustellen, waren erfolgreich. Mit der Besserung der Beziehung zur Mutter veränderte sich aber ihre Beziehung zu mir. Björn erzählte mir schon, als er noch bei mir wohnte, dass Peter in Spanien gute Beziehungen hätte. Deshalb könne er dort auch ohne Abitur studieren und in Peters Haus an der Costa Blanca leben. Er bekam einen neuen Computer mit allem Zubehör geschenkt, Sven ein Auto.

Als er volljährig war, zog Sven aus. Er mietete eine Wohnung 100 Meter von unserem Haus entfernt. Er sprach mittlerweile kein Wort mehr mit mir, grüßte mich nicht einmal mehr auf der Straße. Einige Wochen später zog auch Björn aus. Zurückgelassenen Notizen zufolge war der neuerliche Auszug meiner Söhne bereits Monate vorher geplant gewesen.

PAS
Parental Alienation Syndrome

Wie konnte es dazu kommen, dass meine Söhne den Kontakt zu mir abbrachen? Dazu die folgenden Gedanken: Jede Scheidung der Eltern ist für die betroffenen Kinder ein Trauma. Auch für meine Söhne war wohl nicht erkennbar, warum sich ihre Eltern getrennt hatten. Es gab keine dramatischen Streitereien, niemand wurde geschlagen oder bedroht, weder Vater noch Mutter hatten jemand gefunden, der hübscher, klüger oder reicher war als der jetzige Partner. Jedenfalls war noch nicht bekannt, dass Maren ihre Zukunft mit einem anderen Mann plante. Es ging uns gut. Wir hatten ein eigenes großes Haus, in dem meine Mutter in einer eigenen Wohnung mit wohnte. Wir hatten zwei Autos und einen Wohnwagen, mit dem wir jedes Jahr nach Cap d´Agde fuhren, um dort unseren Urlaub zu verbringen. Wir waren eine ganz normale Familie wie so viele andere auch. Aus der Sicht der Kinder gab es also zum Zeitpunkt der Trennung für diese keinen Anlass.

Die erste Zeit nach der Trennung war wohl für unsere Söhne durchaus erträglich. Ihre Eltern lebten zwar nicht mehr zusammen, aber sie konnten beide so oft sehen, wie sie es wollten. Ihre Mutter hatte genügend Geld zur Verfügung, um sich alle Wünsche zu erfüllen. Als dieses Geld aufgebraucht war, muss es zwischen Maren und Josef zu Spannungen gekommen sein, unter denen die Kinder litten. Deshalb wollten sie wieder zu mir ziehen und es war für mich selbstverständlich, dass ich sie nicht im Stich gelassen habe.

Dem stimmte Maren zwar zu, aber es war offensichtlich, dass sie es nicht wirklich akzeptieren konnte, dass ich in unserem Haus so lebte wie vor meiner Trennung von ihr. Weiter ist anzunehmen, dass es für ihren neuen Partner auf Grund dessen eigener Biografie wichtig war, eine Familie vorweisen zu können.

Ich wusste damals noch nicht, dass es ein Parental Alienation Syndrome (PAS) gibt. Ich konnte mir schlicht nicht erklären, warum sich meine Kinder so nachdrücklich von mir abwendeten.

Als PAS wird das Phänomen beschrieben, dass ein Kind bei sich trennenden, scheidenden oder geschiedenen Eltern, meist relativ plötzlich und ohne nachvollziehbare Gründe, sich von dem umgangsberechtigten Elternteil und dessen Beziehungspersonen vollständig abwendet und nur noch mit dem Sorgeberechtigten und dessen Beziehungsumwelt zu tun haben will. In der deutschen Sprache wird das Syndrom "Eltern-Kind-Entfremdung" genannt.

PAS wurde erstmals 1985 von dem US-amerikanischen Kinderpsychiater Professor Richard A. Gardner so bezeichnet und beschrieben.

Die obige Definition habe ich abgeschrieben. Sie trifft bei uns nicht ganz zu, weil ich nicht nur ein Umgangsrecht, sondern bis zur Volljährigkeit meiner Kinder das gemeinsame Sorgerecht für sie zusammen mit Maren hatte.

Der Kontakt zwischen meinen Söhnen und Maren war wieder hergestellt und Björn besuchte sie regelmäßig, schließlich verbrachte er alle Wochenenden bei ihr. Dabei kam es zu der regelmäßig wiederkehrenden Situation, dass Björn, wenn er von seiner Mutter kam, zu uns sehr distanziert war. Die Montage waren unerträglich, jeden Tag wurde er etwas umgänglicher und zum Ende der Woche konnte er ganz normal mit uns reden. Am nächsten Montag fing alles wieder von vorn an.

Sven veränderte sich zunehmend. Beim ersten Weihnachten, das beide mit Peter verbrachten, gingen meine Söhne mit Maren und Peter in ein Lokal, um das Fest zu feiern. An diesem Abend brachte Sven einen kompletten Ständer mit Werbe- und Grußkarten mit nach Hause, wie sie in manchen Lokalen gratis mitgenommen werden können. Es störte mich allerdings, dass Sven nicht nur die kostenlosen Karten mitgenommen, sondern gleich den kompletten mannshohen Ständer unter dem Beifall von Peter geklaut hatte. Ich spürte, dass meine Einwände nicht gegen Svens Begeisterung für Peter ankamen und dass mit dieser Begeisterung die Distanz mir gegenüber immer größer wurde.

Als Sven 18 Jahre alt wurde, teilte er mir mit, dass er ausziehe. Er nahm sich eine Wohnung in der gleichen Straße, in der wir lebten. Als er auszog, verabschiedete er sich nicht einmal und seinen Haustürschlüssel übergab mir Björn. Ich kann mir bis heute nicht erklären, warum Sven einige Zeit später, als ich nicht zu Hause war, sein Zimmer aufgebrochen hatte. Das Zimmer war komplett leer geräumt gewesen und ich hatte das leer stehende Zimmer abgeschlossen.

Ich hatte für Sven, damit er sich seinem Alter entsprechend fortbewegen konnte, ein neues Leichtkraftrad gekauft. Da ich es nicht bar bezahlen konnte, gab meine Mutter auch etwas Geld dazu und ich stotterte einen Ratenkredit dafür ab. Mit diesem Motorrad baute er zwei Unfälle. Einmal war er zu schnell gewesen und von der Straße abgekommen, ein anderes Mal war er zu schnell an einer Kreuzung abgebogen und unter einen an der Ampel wartenden Omnibus gerutscht, die Reparaturen habe ich bezahlt. Dieses Motorrad ließ er bei seinem Auszug ohne Kommentar, inzwischen mit einem weiteren Unfallschaden, in der Garage stehen. Er brauchte das Motorrad nun nicht mehr, da er von Peter ein Auto geschenkt bekommen hatte. Aber er warf mir später vor, ich hätte ihm das Motorrad geklaut, obwohl ich noch nach seinem Auszug die Raten für den Kredit bezahlen musste.

Björn orientierte sich immer an seinem großen Bruder und so war es folgerichtig, dass er ebenfalls auszog. Seine Mutter besaß inzwischen ein Doppelhaus in Baunatal, er zog zu ihr.

Als Maren und die Jungen damals ausgezogen waren, hatten sie Krabbe, den letzten unserer Dackel, mitgenommen. Björn hatte immer an diesem Hund gehangen und ihn auch wieder mitgebracht, als er von seiner Mutter wieder zu mir gezogen war. Als er nun nach Baunatal zog, durfte er den Hund jedoch nicht dorthin mitnehmen. Also blieb der Hund wieder bei mir. Björn besuchte mich noch einmal und brachte mir die Reste an Futter und Leckerli, die noch bei seiner Mutter geblieben waren.

Für Björn hatte ich einen gebrauchten Motorroller gekauft, den er als 15-jähriger fahren durfte. Auch dieser blieb kommentarlos in meiner Garage stehen. Als Sven das Auto bekommen hatte, bekam Björn einen Computer geschenkt. Nun bekam Björn von Peter einen neuen Motorroller.

Eines Tages standen Sven und Björn völlig überraschend

dann doch wieder vor meiner Tür. Ihre Mutter hatte sie beauftragt, von mir den Karton mit den Andenken an Sönke zu fordern, der auf dem Boden geblieben war, als sie auszog. Ich lehnte es ab, sofort den Karton zu holen, in dem vor allem Kindergartenbasteleien aufgehoben worden waren. Wenn Maren etwas von mir wollte, hätte sie selbst zu mir kommen und mich fragen können. Außerdem gehören die Andenken an unser gemeinsames verstorbenes Kind nicht mit der unterstellten Selbstverständlichkeit der Mutter, sondern beiden Eltern.

Ich habe später den Karton vom Boden geholt und mir den Inhalt noch einmal angesehen. Nun verstand ich auch, warum Maren den Karton unbedingt haben wollte. Zwischen Sönkes Sachen lagen Andenken an ihre Freundin Monika, aus denen hervorging, dass die beiden wohl mehr als nur Schulfreundinnen gewesen waren. Aber das war schon sehr lange her und spielte inzwischen keine Rolle mehr.

Ich habe meine Söhne danach nur dann wiedergesehen, wenn wir uns zu Verhandlungsterminen im Gericht gesehen haben.

Sven

Nach dem Auszug meiner Söhne hatte ich keinen persönlichen Kontakt mehr zu diesen. Um ihnen wenigstens die Möglichkeit zu geben, etwas darüber zu erfahren, was ich denke und fühle, bastelte ich eine Webseite. Auf der beschrieb ich meine bisherige Familie und erzählte von meiner Trennungsgeschichte.

Prompt sah ich mich vor Gericht. Vier Personen hatten Klage eingereicht. Diese vier Personen waren Maren, meine beiden Söhne, und Peter, der neue Partner meiner Ex-Frau. Mir war damals nicht bewusst, dass es verboten ist, Namen und Bilder von Personen ohne deren Einwilligung im Internet zu veröffentlichen. Das gilt selbst dann, wenn diese Personen zur eigenen Familie gehören. Tausende von Familien veröffentlichen Webseiten über sich mit abertausenden von Fotos im Internet. Trotzdem war die Klage begründet und ich bekam in einem Urteil verboten, meine Webseite weiter in dieser Form zu betreiben. Das Verfahren gewannen letztlich aber nur Maren und Sven. Da ich weiter das Sorgerecht für Björn hatte, hätte ich der Klage meines Sohnes gegen mich zustimmen müssen. Da ich das selbstverständlich nicht tat, konnte er nicht klagen. Peter hatte mit meiner Familie nichts zu tun und war auch nicht auf meiner Webseite erwähnt gewesen. Er hatte deshalb keinen Anlass zu klagen. Erst später begriff ich, warum er schon damals so erpicht gewesen war, mich zu verklagen: Er wollte mich mundtot machen, falls ich etwas über seine frühere Geschichte erfahren sollte.

Sven verlangte von mir Unterhalt. Volljährige Kinder bekommen von ihren Eltern Unterhalt in einer festgelegten Höhe, damals standen Sven monatlich 1120,- DM zu. Obwohl Maren als Kindergartenleiterin und ich als Erzieher keine wesentlich unterschiedlichen Einkommen hatten, bezahlte ich an Sven 800,- DM, Maren zahlte ihm 320,- DM.

Die Unterhaltsbeträge für Kinder werden regelmäßig in der "Düsseldorfer Tabelle" festgelegt. Diese Beträge wurden für Volljährige ab 2002 auf 1175,- DM angehoben. Sven forderte von mir, dass ich den Unterschiedsbetrag allein bezahlen solle, somit 855,- DM im Monat. Seine Mutter wollte weiter 320,- DM zahlen.

Das schien mir nun entschieden zu ungerecht und ich bezahlte nicht. Nun kam es zu einer Klage, wir trafen uns vor Gericht wieder. Maren hatte ihre gut bezahlte Arbeit als Kindergartenleiterin im öffentlichen Dienst aufgegeben und war angeblich mit einer nicht erfolgreichen Handelsvertretung selbständig, später als Büroangestellte tätig. Diese Anstellung als Büroangestellte hatte sie bei einer GmbH, deren Inhaber Peter war, mit dem sie nun zusammenlebte. So konnte sie sich selbst ein Einkommen bescheinigen, das deutlich unter der früheren Tätigkeit als Erzieherin lag.

Ein unterhaltspflichtiger Vater, der weniger Geld einnimmt, als er verdienen könnte, wird regelmäßig von Familiengerichten dazu angehalten, sich eine Arbeit zu suchen, die eine Zahlung von angemessenem Unterhalt ermöglicht. Es kann zur Unterhaltsberechnung sogar ein fiktives Einkommen zu Grunde gelegt werden, das sich an dem möglichen Einkommen orientiert. Bei Maren war dieser Grundsatz nicht angewandt worden. Ich wollte nicht akzeptieren, dass eine Frau mit zwei Wohnsitzen in Deutschland und Spanien, die ein offensichtlich wohlhabendes Leben führt, ihre Unterhaltsverpflichtungen für Sven auf mich abwälzt.

Sehr mühsam wurden Marens Einkommensverhältnisse vom Gericht geprüft und letztlich doch nicht geklärt. Nachdem aber sehr viele Fakten offengelegt worden waren, einigten sich Sven und ich in einem Vergleich darauf, dass seine Eltern jeweils die Hälfte des Unterhalts zahlen. Wäre es zu einem Urteil gekommen, hätte das Gericht unter Umständen festgestellt, dass Maren mehr verdient als ich, also auch den höheren Beitrag zu Svens Unterhalt hätte zahlen müssen.

Wenige Tage vor der entscheidenden mündlichen Verhandlung schickte mir Sven eine E-mail, die mit "Schlussstrich" überschrieben war. Diese zielte darauf ab, mich auf das Tiefste persönlich zu verletzen. Er beleidigte mich *"Du bist ein ekelhaftes perverses Schwein"* und *"Dreckschwein"*. Er warf mir vor, Geld von seinem Sparbuch geklaut zu haben. Von dem Geld war aber sein Führerschein bezahlt worden. Die E-mail gipfelt in dem Absatz:

"...doch ich habe endlich einen Vater gefunden und es ist sehr traurig, dass ich eine Vater-Sohn Beziehung erst seit meinem 18. Lebensjahr erleben darf! Das was Peter mir gibt konntest du mir in all den Jahren nicht geben; Liebe die ein Sohn zu seinem Vater empfindet, und Liebe durch seinen Vater zu erleben!!

Nur aus finanziellen Gründen versuchst du seit Jahren mir

mein Leben zu ruinieren und mir die Zukunft zu verbauen.
Den einzigen Kontakt, den ich mit dir will, ist der
Unterhaltskontakt."
Fast 18 Jahre scheinen aus dem Gedächtnis von Sven
gelöscht zu sein. Er hatte eine glückliche Kindheit erlebt.
Ein wesentlicher Teil dieser Kindheit war ich, sein Vater.
Kann es wirklich sein, dass er diese Kindheit ganz und gar
vergessen hat? Kann es wirklich sein, dass mein Sohn
vergessen hat, was er zu mir sagte, als er von seiner Mutter
wieder zu mir ziehen wollte? "*Wir halten es bei Mami nicht*
mehr aus". Es war selbstverständlich für mich, dass Sven
und Björn wieder zu mir ziehen konnten. Es war
selbstverständlich für mich, dass beide wieder einen guten
Kontakt zu ihrer Mutter finden sollten.

Sven machte sein Abitur und absolvierte danach den
Zivildienst. Er hielt sich konsequent an seine Ankündigung,
außer dem Unterhaltskontakt keinen Kontakt mit mir haben
zu wollen. Ich erfuhr nicht, wie es ihm geht, ob er gesund
ist, ob er eine Freundin hat und womöglich mit ihr ein Kind
plant oder hat.
Er begann ein Studium und schickte mir die Formulare für
die Bafög-Anträge.
Ich teilte nun dem Bafög-Amt mit, dass ich keinen
Unterhalt an Sven zahlen werde und begründete dies mit
dem Verhalten Svens mir gegenüber. Meiner Meinung nach
hatte mein Sohn durch das Verhalten seinem Vater
gegenüber den Anspruch auf Unterhalt verwirkt. Ich füllte
aber regelmäßig die Formulare aus, die ich von Sven
zugeschickt bekam. Daraufhin bezahlte das Bafög-Amt an
ihn den vollen Bafög-Satz, davon den Anteil des Vaters als

Unterhaltsvorschuss. Seine Mutter hatte sich als nicht leistungsfähig dargestellt.

Svens Unterhaltsanspruch gegen mich ging auf den Freistaat Bayern über, der sich erst einmal Zeit ließ und dann "rückständigen Unterhalt" von mir einforderte. Als Sven sein Studium beendete, entschied hierüber auch das Gericht: Sven stand kein Unterhalt von mir zu und deshalb konnte auch der Freistaat Bayern diesen nicht von mir fordern.

Peter, der heutige Ehemann von Maren, schrieb mir nach der Adoption von Björn einen hämischen Brief in dem er andeutete, dass Björn nicht mein leiblicher Sohn sein könnte. Das halte ich für ausgeschlossen, Björn wurde sehr bewusst nach dem Tod meines ältesten Sohnes Sönke gezeugt. Maren lebte aber vor der Geburt von Sven getrennt von mir in Kiel. Könnte da Peter etwas falsch verstanden haben? Ich wollte Gewissheit und ein Vaterschaftstest ergab:

Sven ist mit einer Wahrscheinlichkeit von 99,999999 %, also mit Sicherheit, mein Sohn.

Heute ist Sven verheiratet, er dürfte seine Ausbildung zum Lehrer abgeschlossen haben. Ich würde gerne seine Frau kennen lernen und wissen, wie es meinem Sohn geht. Vielleicht bin oder werde ich ja Großvater?

Sven hält sich weiter an seine Ankündigung, keinen Kontakt zu mir haben zu wollen. Seine Frau schrieb mir:

Herr Ulbrich,
ich habe keinerlei Interesse, mit Ihnen in Kontakt zu treten.
In Zukunft bitte ich Sie darum, auch keinen weiteren
Kontakt mit mir aufzunehmen, da sie ohnehin keine Dinge
erzählen können, die mir nicht schon bekannt sind.
Iris ....

Es kann schon sein, dass ich ihr die vielen Dinge, über die ich hier geschrieben habe, niemals erzählen kann. Aber es kann sein, dass sie nun das liest, was ich ihr nicht erzählen darf. Ich kann und will mir nicht vorstellen, dass eine Frau kein Interesse daran haben soll, den Vater ihres Mannes kennen zu lernen. Aber hier kann sie wenigstens etwas über ihn lesen.

Björn

Es gab Dinge, über die Maren und ich uns bei Björn mehr Gedanken machten als bei Sven. In seiner sprachlichen Entwicklung war er langsamer als Sven, deshalb verordnete der Kinderarzt Sprachheilunterricht und später Ergotherapie. In der Grundschule bekam Björn den gleichen Klassenlehrer, den Sven auch gehabt hatte und die Grundschulzeit ging ohne Probleme vorbei. Für uns und den Klassenlehrer war klar, dass Björn wie sein Bruder Sven auf das Gymnasium geht und so kam Björn auf die gleiche Schule und bekam ebenfalls dort den gleichen Klassenlehrer, der Sven schon auf dem Gymnasium unterrichtet hatte.

Nach Svens erstem Schuljahr auf dem Gymnasium hatte dieser Klassenlehrer bei einem Elternabend allen Eltern versprochen, dass ihre Kinder das Abitur machen werden. Er hatte darüber sinniert, dass es schlecht sei, wenn die Eltern die Schulform nach der Grundschule aussuchen dürften und er nun die unangenehme Aufgabe gehabt hatte, alle die Schüler auszusortieren, die nicht für das Gymnasium geeignet waren. Dies habe er aber abgeschlossen. Nun traf dieses Aussortieren Björn. Er konnte nicht auf dem Gymnasium bleiben und wechselte auf die Realschule. Es gab zwei Realschulen, die mit dem Schulbus von unserem Dorf aus zu erreichen waren und wir suchten diejenige aus, die nach Meinung der Mehrzahl der Mütter im Dorf die bessere sei. Auf dieser Schule kam Björn auch gut zurecht. Es stellte sich heraus, dass er

Legastheniker ist, es gab aber ergänzenden Unterricht, mit dem diese Schüler gefördert wurden. Wie weiter oben beschrieben, hatte sich Maren von mir getrennt, Sven und Björn zogen mit der Mutter aus und später zogen die beiden Jungen wieder zu mir.

Maren war darauf hin zu Peter, ihrem neuen Partner, gezogen. Dieser verkaufte Fertighäuser und schien davon sehr gut leben zu können. Das größte Modell dieser Fertighäuser, ein Doppelhaus, wurde errichtet und auf Marens Namen im Grundbuch eingetragen. Da ich ja wusste, dass Maren sämtliches Geld aufgebraucht hatte, das sie von mir bekommen hatte, konnte sie kein Geld für ein solches Haus gehabt haben. Aber egal, sie war nicht mehr mit mir verheiratet und dass sie nun laut Grundbuch für 590.000,- DM gegenüber der Dresdner Bank geradestehen musste betraf mich nicht.

Maren wollte nun, dass Björn von der einen auf die andere Realschule wechselte, die von unserem Dorf aus mit dem Bus erreichbar war. Obwohl ich nicht wirklich einen Sinn in diesem Schulwechsel erkennen konnte, stimmte ich der Forderung Marens zu. Nun fuhr Björn mit dem Bus in die andere erreichbare Stadt, in der auch viele andere Kinder aus unserem Dorf zur Schule gingen. Später wurde klar, warum Maren dies so gewollt hatte: Von der Schule aus, in die Björn nun ging, fuhr auch ein Omnibus in die Stadt, in der das neue Doppelhaus stand.

Sven war ausgezogen, Björn zog nun in das Doppelhaus, das von Maren, Peter und Björn bewohnt wurde.

Während Sven bei seinem Auszug sein Zimmer völlig leergeräumt hatte, hinterlies Björn sein Zimmer als eine Müllhalde. Eine solche Halde hatte ich schon in Björns

Zimmer gesehen, als ich ihn bei Maren abgeholt hatte. Da Maren ihm damals beim Packen seiner Sachen nicht half, saß ich mit Björn auf dem Fußboden seines Zimmers und wir sortierten und packten alles ein, was er besaß. Diesmal nahm er nur das mit, was er wohl brauchte und ließ das Meiste zurück. Ich schloss auch dieses Zimmer ab und als mir klar war, dass Björn die Sachen nicht abholen würde, sortierte und entmüllte ich über Wochen hinweg das Zimmer. Die Sachen, die er zurückgelassen hatte, holte er nie ab. Seine Armbanduhr, die er bei einer Verlosung gewonnen hatte, trug ich nun mehrere Jahre lang selbst.

Wir hatten Dackel gezüchtet und den schließlich letzten Hund aus dieser Zucht hatte sich Björn schon in der Wurfkiste als seinen Hund ausgesucht. Wir verkauften ihn deshalb auch nicht und als Maren auszog, kam Krabbe natürlich mit in die andere Wohnung. Mit Björn kam der Hund wieder zu mir und als Björn in das Doppelhaus zog, blieb der Hund bei mir. Offensichtlich wollte man in dem neuen Haus keinen Hund haben oder man scheute bei den ständigen Flügen zwischen Deutschland und Spanien die entstehenden Strapazen.

Als Björn die Schule beendet hatte, bekam ich keine Informationen von Maren oder Björn darüber, wie er die Schule beendet hatte. Deshalb fragte ich bei der Schule nach und bekam telefonisch vom Direktor die Auskunft, er könne mir darüber nichts sagen, ohne vorher Maren um Erlaubnis gefragt zu haben. Da ich weiterhin mit Maren zusammen das Sorgerecht für Björn hatte, fuhr ich zu einem Gespräch mit dem Direktor in die Schule. Dort erfuhr ich, dass Maren in der Schülerakte hatte eintragen lassen, dass nur noch sie allein für Björn zuständig sei. Wie diese Eintragung in die Schulakte gekommen war, ohne dass dafür ein Beleg vorgelegt worden war oder Rücksprache mit mir genommen wurde, konnte der Direktor nicht erklären.

Björn hatte den Realschulabschluss erworben. Das Wahlpflichtfach Französisch, in dem er auf der Note 5 gestanden hatte, war abgewählt. In Deutsch hatte er eine 3 und in Englisch eine 4 bekommen. Dass er Legastheniker ist, war im Abschlusszeugnis nicht mehr erwähnt.

Nun schrieb mir Björn, dass er in Spanien studieren wolle, weil er in Deutschland keine Lehrstelle gefunden hätte. In sechs Semestern wolle er in Alicante international anerkannter Dolmetscher werden. Er ging nach Spanien, ich bekam nicht einmal eine Adresse, wo er sich aufhält.

Er hätte für ein Studium zum Dolmetscher in Deutschland Abitur und gute Schulnoten in der Sprache haben müssen sowie weitere wichtige Voraussetzungen wie die sichere Beherrschung der Muttersprache. Deshalb war deutlich, dass er nicht studieren wird. Dennoch sollte ich für dieses "Studium" Unterhalt zahlen. Ich wurde verklagt und von einer Familienrichterin zu Unterhaltszahlungen verurteilt. Es spielte keine Rolle, dass ich dem angeblichen Studium als immer noch Sorgeberechtigter nicht zugestimmt hatte, es spielte keine Rolle, dass dieses "Studium" sich als ein Kurs "Spanisch für Ausländer" mit zwei Stunden Unterricht täglich herausgestellt hatte.

Erst in der Berufung stellte das Oberlandesgericht fest, dass der Besuch der Sprachenschule Björns kein Studium war. Er hatte deshalb keinen Unterhaltsanspruch an mich. Da Maren meinen Sohn aber in Spanien unterhalten hatte, wurde ich zu einem "familienrechtlichen Ausgleich" herangezogen, der aber deutlich unter den Unterhaltssätzen lag.

Während der mündlichen Verhandlung beim OLG war Björn anwesend und erklärte überraschend dem Richter, dass er nun wieder in Deutschland sei und eine Lehre zum Elektroinstallateur begonnen habe.

Ja, Maren hatte auf der ganzen Linie gesiegt. Meine Söhne lebten wieder bei ihr, sie hatten jeden Kontakt zu mir abgebrochen. Die Geburtstagskarte zu seinem 17. Geburtstag hatte Björn an mich zurückgeschickt und schrieb dazu: "hätte ich gewusst, dass der Brief von dir ist, hätte ich ihn nicht aufgemacht". Als er mir mitgeteilt hatte, dass er nach Spanien gehen werde, schrieb er "Ich hoffe, dass du dich deinen Zahlungsverpflichtungen nicht entziehst." Diese Sätze hat er mit Sicherheit nicht aus freien Stücken an seinen Vater geschrieben.

Adoption

Ein Familienrichter informierte mich, dass Peter, der inzwischen mit Maren verheiratet war, meinen Sohn Björn adoptieren wolle. Ich durfte dazu eine Stellungnahme abgeben. Ich widersprach dem Adoptionswunsch und bat um Akteneinsicht. Die wurde mir und auch meinem Anwalt verweigert, deshalb weiß ich bis heute nicht, wie begründet wurde, dass Peter meinen jüngsten Sohn zu seinem erklären lassen wollte.

Ich kannte Peter und er war mir alles andere als sympathisch. Ich hatte das Gefühl, dass dieser Mann nicht ganz koscher ist, hätte dieses Gefühl aber nicht begründen können. Bisher hatte ich aber keinen Anlass gehabt, mich mit seiner Vergangenheit zu beschäftigen. Das war nun anders, dieser Mann wollte mich als Vater entsorgen und an meine Stelle treten. Ich entschloss mich, nach Fakten zu suchen, die vielleicht eine Adoption Björns durch Peter verhindern könnten. Dabei ahnte ich noch nicht, auf welche Geschichte ich stoßen würde.

Wo aber fängt man mit solchen Nachforschungen an, wenn man nichts außer dem Namen und der aktuellen beruflichen Tätigkeit eines Mannes kennt?

Hier kam mir der Zufall zu Hilfe: Ich hatte mich, als Sven bei mir gewohnt hatte, mit ihm über die Frage der

Müllentsorgung auseinander gesetzt. Er verlangte von mir ultimativ die Anschaffung einer größeren Mülltonne. Wenn Sven alle zwei Wochen den Müll aus seinem Zimmer entsorgte, passte der übrige Hausmüll nicht mehr in die Tonne. Ich verlangte deshalb von ihm, dass er, wie heute wohl allgemein üblich, den Müll trennen und Papier, Verpackungen und Glas gesondert über die Blaue Tonne und den Gelben Sack entsorgen sollte. Dies wollte Sven aber nicht auf sich nehmen. Altglas brachte ich regelmäßig selbst zum Glascontainer.

An einem Wochenende waren Maren, Peter, Sven und Björn gemeinsam unterwegs gewesen und meine Söhne wurden wieder nach Hause gebracht. Demonstrativ warf Sven eine große Papiertüte von McDonald mit Abfall in die leere Mülltonne. Statt mit ihm wieder eine fruchtlose Diskussion zu führen, holte ich später die Tüte aus der Tonne und verteilte den Inhalt, fast alles kam in die Blaue Tonne und den Gelben Sack. Dabei hatte ich plötzlich einen geöffneten, leeren, amtlich aussehenden Nachnahme-Briefumschlag in der Hand. Adressiert war er an Peter, Absender war das Standesamt der Stadt Frankfurt.

Warum schickt das Standesamt per Nachnahme ein Schriftstück an Peter? Das konnte nur eine Urkunde sein und war ein Hinweis, dass Peter in Frankfurt gewohnt haben musste.

Nun rief ich der Reihe nach die Menschen an, die unter seinem Nachnamen in Frankfurt im Telefonbuch standen. Wieder kam mir der Zufall zu Hilfe: Nach wenigen Anrufen hatte ich eine ältere Dame am Telefon, die Peter offensichtlich kannte. Sie wollte mir aber nichts über ihn erzählen, denn "mit so einem wollen wir nichts zu tun haben. Das ist ein Kinderschänder, der deswegen schon im Gefängnis gesessen hat". Trotzdem erfuhr ich, dass er nach Nordhessen verzogen war. Bereits eine halbe Stunde später rief mich eine andere Frau an. Sie stellte sich als die Tochter der alten Dame vor und beschwor mich, auf keinen Fall etwas von den Informationen zu verwenden, die ich bekommen hatte. Man habe schon vor der Verurteilung keinen Kontakt zu Peter mehr gehabt und alles nur indirekt erfahren. Man wisse deshalb ja gar nicht so genau, ob das alles wirklich so stimme.

Etliche Telefonanrufe und Nachfragen bei Meldebehörden später standen wir, Dagmar und ich, in einem kleinen Dorf in Nordhessen vor dem Haus, in dem Peter einmal mit seiner früheren Familie gewohnt hatte. Ich sprach einen Nachbarn an, der gerade Schnee vor seinem Haus weg räumte. Der rief seine Frau hinzu und wenig später saßen wir in deren Küche, bekamen Familienfotos gezeigt und die Geschichte erzählt:

Peter und die Nachbarin waren verheiratet gewesen. Die Frau hatte eine Tochter mit in die Ehe gebracht und gemeinsam bekamen beide eine weitere Tochter. Peter adoptierte seine Stieftochter. Er war im Dorf angesehen als ein netter Nachbar und betätigte sich als Ortsvorsitzender seiner Partei und als Elternbeirat. Umso schlimmer hatte die Nachricht im Dorf eingeschlagen, als bekannt geworden war, dass der vermeintlich liebevolle Vater immer wieder seine Adoptivtochter sexuell missbraucht hatte. Er wurde vor Gericht gestellt und zu fünf Jahren Gefängnis verurteilt. Zum Abschied gaben die Nachbarn uns noch einen Zeitungsartikel mit einem Bericht über die Verurteilung von Peter mit, den sie die ganzen Jahre über aufgehoben hatten.

Ich war mir sicher, dass ein Mann mit dieser Vorgeschichte nicht noch einmal ein Kind zur Adoption bekommen würde. Deshalb informierte ich den Richter über diese.

Ich wollte vor allem mit Peter, aber auch den anderen über die beabsichtigte Adoption sprechen. Deshalb fuhr ich in die Stadt mit dem neuen Doppelhaus.

Ich wusste, dass das Gespräch nicht einfach werden würde. Beim letzten Versuch, mit Maren zu sprechen, griff sie sofort zum Telefon und rief mir zu, ich solle ihr Grundstück verlassen, da sie sonst die Polizei rufe. Da sie dabei geradezu hysterisch wurde, fuhr ich unverrichteter Dinge wieder nach Hause.

Es war inzwischen dunkel, als ich auf das Haus zuging. Vor ihm parkten die vier Autos der vier Bewohner, also waren alle zu Hause. Ich kam nicht bis zur Klingel an der Haustür, weil Sven aus seinem Auto gesprungen kam und ins Haus rannte. Unmittelbar danach kam Peter mit Sven aus dem Haus. Ich sprach ihn an und sagte ihm, dass ich mit ihm sprechen wolle. Er aber rief mir zu, ich solle sein Grundstück verlassen, er habe nichts mit mir zu bereden und ging ins Haus zurück. Ich stand noch unschlüssig in der Grundstückseinfahrt, als die Haustür wieder geöffnet wurde. Nun kamen Sven, Björn und Peter heraus und ich kam mir vor wie in einer Szene aus einem billigen Westernfilm. Nebeneinander gingen mit entschlossenen Schritten und finsteren Mienen meine Söhne auf mich zu, mittig hinter ihnen Peter. Lediglich die Holster mit 45er Colts fehlten, um das Bild abzurunden. Unmittelbar bevor sie mich erreichten, überholte Peter die beiden und stieß mir, ohne langsamer zu werden, mit beiden Händen gleichzeitig vor die Brust. Ich stolperte rückwärts und rief Peter weiter zu, dass ich mit ihm reden wolle. Er aber stieß mir wortlos immer wieder vor die Brust, ich stolperte immer wieder rückwärts, bis ich letztlich auf der Straße stand. Nun rief mir Peter zu: "Hier dürfen Sie stehen bleiben", die drei drehten sich um, und gingen ohne ein weiteres Wort zurück ins Haus.

Um seinem Verbot, das Grundstück zu betreten, Nachdruck zu verleihen, zeigte mich Peter bei der Polizei an. Als ich dort gewesen war, lag ein größerer Haufen neben dem Haus, der mit einer Plane abgedeckt gewesen war. Was darunter war, weiß ich nicht. In der Anzeige behauptete Peter, ich hätte unter der Plane gelagerte Möbel zerstört. Die Anzeige war in sich unsinnig. Wer lagert im Winter bei Sturm und Schnee seine Möbel im Freien, besonders wenn eine ungenutzte Doppelhaushälfte dafür zur Verfügung steht? Die Anzeige wurde eingestellt.

Da ich keine Informationen über das Verfahren bekam, fragte ich nach einem halben Jahr beim Gericht nach. Der Richter klärte mich nun darüber auf, dass er mir nach § 1758 BGB keine Auskunft geben dürfe. 15 Tage später meldete sich der Richter noch einmal - er habe nachgedacht und teile nun mit, dass ich nicht mehr mit meinem Sohn Björn verwandt sei.

Hätte ich nicht nachgefragt und sich der Richter sich nicht doch noch anders entschieden, wüsste ich womöglich bis heute nicht, dass ich mit meinem jüngsten Sohn nach dem Gesetz nicht mehr verwandt bin.

In Deutschland ist es also möglich, dass ein Vater ohne

jedes Verschulden sein Kind wegadoptiert bekommt. Er wird zwar darüber informiert, dass ein Verfahren vor einem Gericht anhängig ist. Aber er wird von jeder Beteiligung an diesem Verfahren ausgeschlossen. Wenn die Gegenseite Vorwürfe gegen ihn erhebt, kann er sich gegen diese nicht verteidigen, da er sie nicht einmal kennt. Es ist sogar möglich, dass ein Beschluss zur Adoption gefasst wird, ohne dass der entsorgte Vater von diesem erfährt.

Wie viele Väter mag es wohl in Deutschland geben, die auf diese Weise nach dem Gesetz nicht mehr mit ihren Kindern verwandt sind?
Alle diese Väter sind und bleiben die Väter ihrer Kinder.
Auch ein Gericht kann die persönlichen Bande, die zwischen Eltern und ihren Kindern bestehen, nicht durchschneiden.
Peter hat mir nach der Adoption einen hämischen Brief geschrieben, in dem er mir androht, vor Gericht zu gehen, falls ich Björn noch ein mal als meinen Sohn bezeichnen sollte.
Deshalb, gerade für Peter und auch für alle anderen, die dies lesen:

Sven und Björn sind und bleiben meine Söhne, ich bin und bleibe ihr Vater.
Auch wenn ich es nicht leben darf.

Epilog

Der junge Mann war einfach zu schnell unterwegs gewesen. Der Schaden an den Autos war nicht besonders hoch. Trotzdem hatte die Polizei den Unfall aufgenommen, um die Schuldfrage klären zu können. Die Polizistin, die das Protokoll schreiben musste, hatte dem anderen Fahrer eine alltägliche Frage gestellt. Aber im Gegensatz zu den meisten Verkehrssündern konnte dieser Vater eine ganz einfach erscheinende Frage nicht ohne weiteres beantworten.

"Wie viele Kinder haben Sie?".

"Warum möchten Sie das wissen?".

"Ich muss das hier ausfüllen."

"Was wollen Sie denn genau wissen? Ganz so einfach ist das nicht zu beantworten. Ein Mann kann auf so viele Weise Vater sein, oder auch nicht.

Es gibt eheliche Kinder, biologische Kinder, Stiefkinder, Adoptivkinder, Pflegekinder, verstoßene und verschollene Kinder, verstorbene und wegadoptierte Kinder.

Ich habe zu Hause vier Geburtsurkunden, in denen ich als Vater eingetragen bin. Davon ist ein Kind gestorben. Zwei Kinder wurden von anderen Männern adoptiert, also bin ich mit denen nach dem Gesetz nicht mehr verwandt. Ein Kind ist ein Kuckuckskind. Von einem Kind bekomme ich einmal im Jahr die Formulare wegen seines Bafög-Antrags geschickt. Sonst will es nichts mehr mit mir zu tun haben. Also, was wollen sie konkret wissen?"

"Hier steht: Für wie viele Kinder sind sie unterhaltspflichtig?"

"Für keine, ich habe keine Kinder."

Der Inhalt dieses Buches ist in Auszügen auf der Webseite

www.Opektafarmer.de

nachzulesen.

Dort können die Briefe nachgelesen werden, die mir der Richter während des Adoptionsverfahrens geschrieben hat, sowie Briefe, die mir Peter schickte. Außerdem sind dort Kopien der Presseberichte über Peters Verurteilung wiedergegeben.